伟人的青少年时代

毛泽东

郑春兴 主编

时代文艺出版社

图书在版编目（CIP）数据

毛泽东 / 郑春兴 主编. —长春：时代文艺出版社，2012.6（2022.6重印）

（伟人的青少年时代）

ISBN 978-7-5387-2752-4

Ⅰ.①毛... Ⅱ.①郑... Ⅲ.①毛泽东（1893~1976）—生平事迹—青少年读物 Ⅳ.①A752-49

中国版本图书馆CIP数据核字（2012）第095571号

出 品 人　陈　琛
责任编辑　冀　洋
排版制作　刘　薇

本书著作权、版式和装帧设计受国际版权公约和中华人民共和国著作权法保护
本书所有文字、图片和示意图等专用使用权为时代文艺出版社所有
未事先获得时代文艺出版社许可
本书的任何部分不得以图表、电子、影印、缩拍、录音和其他任何手段
进行复制和转载，违者必究

毛泽东

郑春兴 主编

出版发行 / 时代文艺出版社
地址 / 长春市福祉大路5788号　龙腾国际大厦A座15层　（130118）
总编办 / 0431-81629751　发行部 / 0431-81629758
官方微博 / weibo.com/tlapress
印刷 / 三河市东兴印刷有限公司
开本 / 660mm×940mm　1 / 16　字数 / 100千字　印张 / 10
版次 / 2009年6月第1版　印次 / 2022年6月第9次印刷　定价 / 36.00元

图书如有印装错误　请寄回印厂调换

本书编委会

主　编：郑春兴

副主编：张耀军　朴景爱　辛宏志　杨　厦　张李昂
　　　　　李赫男　王艳春　戚　新　孙伟国　张桂兰
　　　　　于淑丽　于克敏　孙惠欣

编委会成员：（以姓氏笔画为序）
　　　　　　　马　锋　刘　伟　李文太　杨开银　张春昊
　　　　　　　杜　葳　李　颖　胡汉军　项　和　蒋玉容
　　　　　　　韩国义

目录 MULU

1 / 乳名的由来

4 / 吓不倒的小伢子

6 / 小旁听生

8 / 离家出走

12 / 反抗父亲

17 / 偷读"杂书"

22 / 走出韶山

28 / 文惊新学堂

33 / 剪辫子

38 / 毅然投军

42 / 考进师范

50 / 以诗明志

60 / 游　学

68 / 办工人夜学

77 / 开除校长

80 / 胆识过人

83 / 成立新民学会

86 / 初次进京

92 / 大潮的洗礼

98 / 长文祭母

104 / 驱张运动

109 / 自治运动

114 / 自由的结合

117 / 何去何从

120 / 工人运动

128 / 农民运动

137 / 秋收起义

142 / 上井冈山

148 / 朱毛会师

乳名的由来

毛泽东出生的时候,既没有霞光万道,也没有祥云笼罩,出生时很平静。高兴的是他的家人,至于他自己,那几声啼哭倒是格外洪亮。

韶山后来也因他的诞生而闻名于世,正应了那句话:山不在高,有仙则名。

毛泽东出生的准确时间是:1893年12月26日,也就是清光绪十九年十一月十九日。

毛泽东出生后的七个月,即1894年7月,中日甲午战争爆发。随后清王朝像个多病的老人,一天不如一天。

也就在1894年,孙中山上书李鸿章失败,在夏威夷成立了中国第一个资产阶级革命团体——兴中会,开始造大清朝的反。

可以说,毛泽东是生逢乱世。

外面的世界已经乱起来了，可韶山冲由于偏远闭塞，倒还宁静。

韶山冲住户不多，多数姓毛。

毛泽东的父亲叫毛顺生，为人精明，但性情暴躁，十七岁时因家穷出外当兵，长了不少见识，也积攒了一些银钱。

还乡后，毛顺生赎回了家里典出去的祖业田，不久又买进一些，增加到二十二亩，所产粮食已有剩余。

此后，毛顺生又做一些贩卖粮食、猪牛的生意，资本逐渐滚到近三千银元，在小小的韶山冲，可以算得上是个小财东了。

毛泽东的母亲叫文七妹，因在同族姐妹中排行第七而得名。她信佛，勤劳而又善良。

文七妹的家在湘乡县唐家圫，同韶山冲只一山之隔，约十里多路。

毛泽东故居——湖南湘潭韶山冲

文七妹十八岁嫁给毛顺生，她比丈夫大三岁。婚后，她曾经生过两个男孩，可惜都在幼年夭折了。

毛泽东是文七妹生的第三个男孩，他出生后，文七妹还有点不放心，生怕毛泽东"根基不稳"，到了孩子满月之后，她就把孩子抱回了娘家。

毛泽东的外婆当然把这个外孙当成了宝贝，请算命先生看了八字，说应该拜个长寿干娘，才易养成人。

谁最长寿呢?外婆想到了后山那块两丈多高的大石头，千年万年，应是最长寿的了。

于是，选了个黄道吉日，外婆和文七妹就抱着刚满月的毛泽东到大石头前拜认了"干娘"，为他取个乳名叫石三。按当地的习惯，就叫他"石三伢子"。

虽然拜认了"干娘"，外婆还是不放心，她总说韶山冲上屋场的风水不好，硬是不肯放毛泽东回韶山去。

就这样，石三伢子寄居在唐家坨的外婆家，在大人们的呵护下，没灾没病，长到四岁。

吓不倒的小伢子

毛泽东虽然才四岁，可他的聪明与胆量已经让大人们感到惊讶了。

在过年的时候，毛泽东穿着外婆给他换的一身新衣服，头上戴着一顶红风帽，蹦蹦跳跳地跑出去和小朋友玩耍。唐家坨有一位特别喜欢逗小孩子们玩的老爷爷，他故意摆出严肃的面孔，翘起白胡子，吓唬着小孩子们说：

"你们为什么要在这里玩耍？不准在这里玩，否则我会割掉你们的耳朵。"

孩子们一听，吓得撒腿就跑，只有毛泽东仍然站在那里不动。

白胡子老爷爷很奇怪，就问他：

"你为什么不跑？难道你不怕我割掉你的耳朵吗？"

"老爷爷，你为什么要割我的耳朵呢？"毛泽东一点也不害怕，还反问了他一句。

老爷爷依旧板着脸，瓮声瓮气地说：

"我喜欢呀?我要割下你的耳朵做下酒菜。"

"做人要讲道理。"毛泽东学着大人的口吻说，"老爷爷，你讲不讲道理？如果你有道理，我的耳朵就给你吃；你没有道理呢，我就要扯掉你的白胡子。"说着，就笑眯眯地望着老爷爷，并且主动解开红风帽的扣子，把耳朵露在外面。

白胡子老爷爷大吃一惊：这个只有四岁的细伢子，竟有这样的智慧和胆量，确实是他从来没有见过的。他高兴地把毛泽东举过头顶，笑呵呵地说：

"聪明的小伢子，爷爷不割你耳朵了。爷爷想找下酒菜，就去割那大笨猪的耳朵!"

小旁听生

毛泽东的二舅文玉钦读过几年私塾,在种田之余,在家里开设蒙馆,教文家子侄们读书。

四岁的毛泽东也就成了"旁听生"。

这个小旁听生很老实地听讲,不像别的大孩子那么淘气。

一次文玉钦让孩子们背《百家姓》,这些孩子们贪玩,读书不认真,有的背不出来,有的背不完整。

小旁听生忽然嚷着也要背书。

文玉钦说:

"别闹,石三伢子。你还没开始读书,哪晓得背书呀!"

小旁听生说:

"我就晓得,你们读书时我已记住了。不信,听我背给你呀。"

说完真的背起来,声音洪亮,背到最后竟没有错!

文玉钦大为惊奇,抱起小旁听生就去告诉外婆,说:

"奇了,真奇了!石三伢子能背《百家姓》了!"

外婆笑不拢嘴,说:

"我看呀,咱们石三伢子准是文曲星下凡哩!"

离家出走

毛泽东在六岁时就已经开始接触田间劳动了,尽管那只是在插秧的时候用小畚箕送秧苗,割禾的时候跟在大人后面拣禾穗。

毛泽东也很会放牛。他经常用铁篦子给牛梳理,使牛毛里面不藏虱子。

小孩子放牛的时候,经常因为贪玩而误了正事。有的时候牛没有吃饱,有时候又让牛吃了人家的禾苗。

怎样才能既让牛吃饱又可以玩得痛快呢?聪明的毛泽东想到了一个好办法:把小朋友们组织起来,一班人放牛,一班人采野果子、割青草。到时候,就把牛拴起来,让它们吃割来的青草;小朋友们就集合在一起,做游戏,讲故事。

毛泽东八岁的时候,他弟弟毛泽民已经五岁了,父母也不担心他们

"根基不稳"了。

毛顺生就亲自把毛泽东从外婆家接回来，正式送他到私塾里读书。

毛泽东十一岁那年在南岸私塾读书。这个私塾就在他家门口一个池塘的南岸边上。

私塾的老师是个喜欢打学生、态度粗暴严厉的老先生，名叫邹春培。

由于毛泽东背书背得好，一直也没挨着打。

这年夏天，毛泽东领着同学们去池塘里洗澡。

正洗得热闹，老先生回来，吓得同学们有的光着屁股乱跑，有的钻进草堆里，有的躲到房屋后，有的在禾坪里飞奔，还有的泡在塘里死活不出来。

把老先生气得胡子直抖。更让他生气的是毛泽东来到他面前，说：

"洗澡是我带的头，你打我自己吧……"

老先生气道：

"统统该打！带头的要加倍！"

等到老先生好不容易把学童们都弄回学堂，却发现只少了毛泽东。

他急忙去毛泽东家，对毛顺生如实讲了。两个人下狠心要好好揍毛泽东一顿，四下寻找，却怎么也找不到了。

毛泽东跑到哪里去了呢？

他已经离开村里，要徒步去湘潭县城。因为他想起表哥王季范说过，湘潭县城里有洋学堂，那里的老师不打人，也不拜孔夫子，他要去看一看。

但他却不知道路，怕人知道他是逃学的也不敢问路，只是不声不响地往前走。

天黑了，遇上好心的阿婆、大婶留他过夜，给他饭吃，天一亮他又上路了。

就这样他走了三天，可纳闷的是周围还是连绵不断的山岭，只有松树竹林，只有茅屋瓦舍，却不见高楼大街。

他跑得急，鞋子也没穿，小脚踩在碎石小路上，又烫又硌，又痒又痛。他咬着嘴唇，苦忍着往前走。

他却不知道，他是围着韶山打转转，走来走去，也没走出多远。

亏得这天晚上遇上一个老阿公，留他吃了饭，又住一夜，并告诉他说：

"你家里派人正四处找你哩，你父亲和塾馆的邹先生都说了，你回去就好，他们不会再打你了。"

毛泽东说：

"那我也不回去，我要去湘潭的洋学堂。"

老阿公说：

"你这样去不得，你没有钱，洋学堂不会收你的。再说，你不回家，你母亲多惦记你呀。"

一听到母亲，毛泽东心软了。

他终于同意回家。

回到家，父亲真没打他，只是气鼓鼓地横了他几眼。

塾师也对他温和多了。

此事让幼小的毛泽东尝到了"反抗"的甜头——尽管离家出走这三天三夜让他遭了不少罪。

反抗父亲

毛泽东不仅造老师的反，也造他父亲的反。

毛顺生有着小财东的习性：勤劳、苛刻、精打细算。对儿子们非常严厉，信奉"棍棒之下出孝子"，动不动就又打又骂。

毛泽东九岁的时候，和母亲偷偷商量，想用什么办法也让父亲信佛，希望可以改变父亲暴躁易怒的脾气。

但是，江山易改，本性难移，父亲到底没信佛，只相信过日子没钱不行，要想有钱不精打细算、埋头苦干不行。

毛泽东十岁的那年秋天，有一天下大雨，毛顺生家里正紧张地抢收稻谷，由于雨下得太急太猛，有一些稻谷被冲走了——但损失不算太大。

雨刚停，毛泽东就气喘吁吁地跑回家，淋得浑身都湿透了。

"你干什么去了？啊？"

 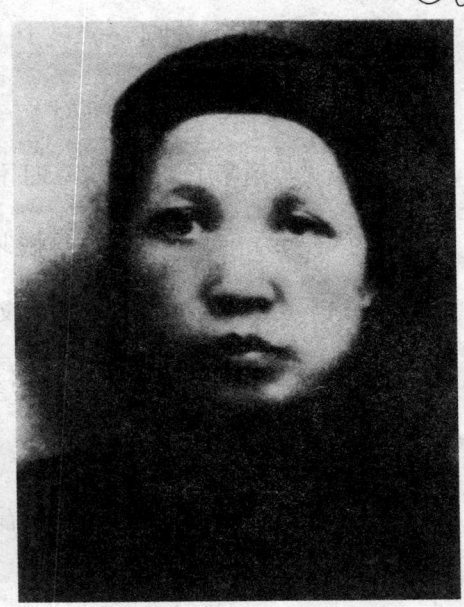

毛泽东的父亲毛顺生、母亲文七妹。

父亲抹了把脸上的雨水，朝毛泽东吼起来：

"为什么不早点回来抢收稻谷？"

毛泽东说：

"我帮邻居家收谷子去了……"

父亲更生气了，上来要打他，骂道：

"混蛋伢子！自家的谷子冲到沟里去了，你倒好，去帮别家收谷子！"

毛泽东躲开父亲的巴掌，嚷道：

"人家佃了东家的田，要交租，冲走一点都了不得；我们自己家的谷子，又比别人家多，冲走一点也没有什么关系呀！"

"什么没有关系!冲走一点就少一点!"

父亲大声喊叫,又要追打毛泽东,被闻声赶到的母亲拦住了。

毛泽东见母亲来了,知道父亲打不成了,又说:

"今天冲走了一点,我以后每顿少吃一点,也就算还给你了!"

毛泽东十三岁这年,又有一次把父亲惹急了。

这天家里来了父亲生意场上的朋友,父亲吩咐毛泽东端茶倒水招待客人。

毛泽东不愿意做这些事,他想去看书。

父亲见他不情愿,就骂道:

"你这个伢子,又懒又笨(一点用都没有)看谁家的伢子像你这样不孝顺!"

毛泽东当即反驳说:

"父慈才能子孝!你张口就骂,举手就打,就是为父不慈!"

"畜生!我打死你!"

父亲气得直骂,过来就打他。

毛泽东转身就跑,父亲随后就追。

毛泽东一直跑到池塘边,猛地停住,回头对父亲说:

"你再追我,我就跳下去淹死。"

父亲停住了,呼哧呼哧喘着气,说:

"你真要气死我呀!"

父亲当然不敢再逼。

这时母亲也赶来了，劝毛泽东向父亲磕头认罪。

毛泽东说：

"他要是答应不打我，我就跪一条腿磕头。"

父亲不吭声。

母亲拉着毛泽东到父亲面前，按着他跪下一条腿，给父亲磕了一个头。

父亲虎着脸，哼了一声，转身走了。

毛泽东对父亲也不是事事都反抗，只要他认为自己"理亏"，他可以任由父亲打骂。

他家附近有一户毛姓农民，曾收下定金把猪卖给了毛顺生。

过了几天，毛顺生让毛泽东去赶猪，猪价却涨了。

这个穷苦的农民唉声叹气地说：

"唉，我家的猪要是现在卖，能多得好几块钱哩！这回你家是占便宜了！几块钱，对你们富人家不算什么，可在我们穷人家却是大数目啊！"

毛泽东说：

"你别犯愁，也别后悔了。这猪我们不买了，你卖个好价钱去吧。"

农民忙说：

"你说了算吗？你不怕你爹打你？"

毛泽东说：

"我说了就算！"

转身离开。回到家，如实说了。

毛顺生没打他，只骂了他几句。

背后，乐善好施的母亲却夸奖他做得好。

就这样，在与父亲的磕磕碰碰中，毛泽东长到了十六岁。

偷读"杂书"

毛泽东在十六岁前，中间曾停学两年在家务农，其余时间内先后在韶山一带的南岸、关公桥、桥头湾、钟家湾、井湾里、乌龟井、东茅塘六处私塾读书，共六年时间。

在读书期间，毛泽东早晚还要放牛拾粪，为父亲记账、算数，农忙时也参加收割庄稼。

私塾里学的东西都是死记硬背，老师也讲不明白，学生也就不太懂。好在毛泽东有着过人的记忆力和理解力，在学生里是拔尖的，也就少挨了不少揍。

与私塾学的那些枯燥难懂的经书相比，毛泽东更喜欢读《水浒传》《西游记》《三国演义》《精忠岳传》《隋唐演义》等旧小说。

这些闲书，毛泽东在井湾里私塾就读期间读得最多，井湾里私塾的先生名叫毛宇居，又名毛泽启，是毛泽东的族兄。他比毛泽东只大十二岁，是个二十多岁的年轻人。毛顺生和他的父亲毛福生是很要好的朋友，因此，毛泽东从师毛宇居，毛顺生还是很放心的。

毛宇居读了很多书，字写得好，文章做得好，号称"韶山一支笔。"他喜欢教学生《公羊传》《左传》一类的经书。因此，井湾里私塾很有几分书院的味道。

但毛泽东却已经不喜欢读这类经书了。他上了四年的私塾，读了四年的"四书"、"五经"，虽然大部分都能背诵下来，但却很难理解其中的含义。教师们也只会照本宣读，从不讲解。这些内容深奥的儒家经典著作，跟现实生活联系较少，读起来非常的枯燥、乏味。

这时候，同学郭梓阁从朋友那里借来了一本《水浒全传》。毛泽东看了几页，就爱不释手了。梁山泊好汉们造反的故事，使他兴奋不已！他把这本小说带进书房，在小说上面，放一本《论语》。当毛宇居走过来的时候，他就装作认真地读经书，毛宇居刚走开，他就又偷偷地读起了经书下面的《水浒全传》。

在他的带动下，其他同学也开始看小说了，也都是采用和他相同的做法，来躲过塾师的眼睛。大家把借来的古典小说、神话故事等互相传阅，这样大家都能读到大量的文学作品。

当然，用经书掩饰的办法，最终还是没有瞒过年轻教师那双锐利的眼睛。他感到如果这样继续下去，问题将会十分严重。学生不认真读经书，反而迷上了这些"杂书"，将来学业不成，岂不是误人子弟！他本想把这些"杂书"没收，把看"杂书"的同学狠狠地惩罚一顿，但转念一想，这些学生都已经十四五岁了，有些还很调皮难管，如果这样做，岂不是要闹得天翻地覆？于是，他只好装作不知道。同时他采用了多留作业的办法，认为这样学生就没有时间去读那些传奇小说了。

有一天，开始背书了。毛宇居首先喊的就是他的本家兄弟："毛泽东，背书！"

毛泽东早已料到老师会来这一手，好在自己早有准备，已经记下来了。于是他自信地站起来，一口气背完了《礼记》的《檀弓》篇。背得十分流畅，准确无误。

毛宇居听了，心中十分佩服，于是他再也不追究学生们读"杂书"的事了，只要他们把经书读好就可以。

可是，没有不透风的墙。到了第二年春夏之交，韶山冲里就传出了许多流言蜚语，说井湾里私塾的学生读的都是些"邪书"和造反的书，说毛宇居不配为人师表，是误人子弟……

毛氏家族的族长毛鸿初也放出话来：教出的学生犯上作乱，这样的学馆还不如关掉！

当时，只有二十五岁的毛宇居，听了这些闲言碎语，心里格外恼火。面对顽固的守旧势力，又无可奈何，只好既不申辩，也不恳求，就宣布散学，打发学生们回家。自己则奔往云南、四川谋求出路去了。

当时，毛泽东离开了井湾里私塾，回到上屋场来。他把提前散学的原因对父亲说了。出乎毛泽东意料的是，毛顺生并没有责怪他，反而高兴地说：

"也好！经书、杂书都不要读了，我原先就对你去考取秀才举人没抱什么希望，现在当今皇上又废了科举，再读下去也没有什么用，你就回来和我一起种田吧。"

毛泽东从小就有劳动习惯，从来没有间断过，因此他很快就适应了农业劳动，也不觉得累，并且在劳动中也获得了无穷的快乐。

不过，他毕竟是读过五年经书的学生，要他完全和书本分开，那是不可能的事。

他白天辛勤地在田间劳动，晚上则在桐油灯下读书。每当这时，父亲就很不高兴，严厉地斥责他：

"你如今也老大不小的了，也应该学点为家理财的本事了，你这样每天捧着一本书，难道想让我养活你一辈子吗？我眼睛一闭，谁来管理这一份家业呢？"

毛泽东听着，不作声。

毛顺生接着说："你连记账、算数都不会，将来如何当家理事啊？"

听见父亲说他不会记账、算数，毛泽东就很不高兴。他认为做这一类事情，自己完全可以胜任。

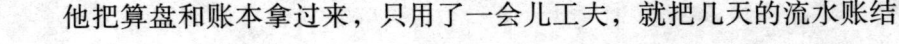

他把算盘和账本拿过来，只用了一会儿工夫，就把几天的流水账结算得一清二楚，然后一声不响地把账本还给父亲。

毛顺生接过账本，仔细地检查着。过了一会儿，他那板着的脸上，渐渐出现了笑容。他对儿子的理财能力已暗自满意了。

以后的日子里，毛泽东仍继续着"日耕夜读"的生活。

那些历史小说和传奇故事太吸引人了，他越看越精神，越看越想看。夜间为了避免父母催促睡觉，毛泽东就用自己的被单，把窗户遮得严严实实，不让父母看见灯光。

毛泽东自己没有钱买书，而且韶山冲也买不到书，只有省城长沙才有。只好在周围的亲戚朋友中间交换借阅。

毛泽东记忆力好，几乎过目不忘，读了这些小说后便去给村里的大人小孩讲述。讲着，有时自己也纳闷：

这些小说里的主要人物，包括文官武将，怎么没有一个是农民呢？

他觉得这很不公平，农民怎么就低人一等呢？

因此，他更喜欢描写"造反"的《水浒传》，喜欢书里为反对不平等而造反的英雄们。

走出韶山

十六岁的毛泽东，他看上去已像个大小伙子了，瘦高的身材，宽宽的额头下闪烁着一双明亮的眼睛，文静中透出一股英气。

也就在这时候，长沙发生了影响毛泽东一生的大事变……

长沙到底发生了什么惊天动地的大事变呢？

原来1909年夏天，长江发了大水，洞庭湖周围遭了重灾，许多地方汪洋一片，颗粒无收。

灾区一百多万农民，纷纷外出逃荒，只涌进长沙的灾民就有好几万。

这些灾民白天沿街乞讨，夜晚露宿街头，忍饥受寒，十分悲惨。

到了1910年农历三月初二这一天，一户姓黄的穷苦人家演出了一幕悲剧：黄家女人拿着丈夫挑水挣来的一点钱去买米，可米价突然涨了，她

求米店老板少卖她一点。谁知米店老板根本是想囤积粮食卖高价,干脆关门不卖了。

黄家女人还要哀求,突然有个流氓,抢了她的铜钱跑了。

黄家女人又气又急,满腔悲愤,跳了湘江。

黄家男人知道后,也拉着两个孩子,跳进湘江……

这一悲剧,很快震动了长沙城,激起了几十万民众的公愤。

人们于是去砸了那个米店,抢了米,连附近的商店铺子什么的也给砸了。

引来清兵镇压,打死十多个逃荒灾民,更激怒了市民和灾民,有一万多人冲进官府,放一把大火把官府烧了。

与此同时,有十多万饥民全部出动,劫粮船,抢米店、砸商铺,冲洋行,掀起"抢米风潮"。

农历三月初六,清政府调来两个兵团的步兵,又请英、法、美、日、德五国从上海、汉口、厦门等地调来十多艘军舰,对暴动饥民进行大搜捕,大屠杀。

几天之内,被杀的有一千多人,湘江里浮尸滚动,官府门口的旗杆上挂了许多人头……

长沙的"抢米风潮"终于被残酷地镇压下去了。

长沙发生的这个大事变的消息,是逃出长沙的几个卖兰花豆的小贩传到韶山的。

毛泽东听到后震惊、愤慨，久久不能平静。

长沙的饥民暴动很快波及湖南各地。湘乡、湘潭也出现饥民"吃大户"的行动。

毛顺生是做谷米生意的，由于粮价一天天看涨，他不肯把白米在本地脱手，加雇了几个短工，要把白米送到县城卖高价。

谁知道在半路上，车子上的白米被饥民哄抢了。

还有一伙饥民冲进毛顺生家里，挑走了几十担稻谷。

毛顺生气得要死要活，可一点办法也没有。

毛泽东不赞成饥民这种"吃大户"的做法，但对父亲也一点不同情。

韶山冲里的大户不多，毛顺生已被抢过，一些挨饿的毛氏子孙把目光盯住了毛氏宗祠里的一仓积谷。

这仓积谷是为毛氏子孙度荒准备的。

只有族长毛鸿初开口，才能开仓平粜。

人们苦巴巴等着族长开仓，可没想到族长和另外几个主事的人商议，准备偷偷地把稻谷卖给湘潭来的粮商。

这个阴谋被人发现，终于引起一场风波，族长不得不开仓平粜，穷苦挨饿的毛氏子孙挑回了救命粮。

在这场风波中，毛泽东也出于义愤，跟着去祠堂里喊了几句。族长事后却来向毛顺生告状，说石三伢子也参加了聚众闹事。

毛顺生气得把毛泽东骂了一顿，立即决定让毛泽东去湘潭"宽裕粮行"当学徒。

这家粮行老板是毛顺生本家兄弟毛槐林。

毛泽东当时没表示反对，他一时没想明白父亲的决定是好是坏。

去湘潭是好事，他早就想离开韶山冲，去见识一下外面的世界了，可是，他又不愿做生意。是去还是不去呢？

毛泽东决定去找李漱清，让他帮自己拿个主意。

李漱清比毛泽东大十九岁，曾经读过几年私塾，后在湘潭师范学堂和湖南法政专门学堂毕了业，没当成法官，只在本乡当了小学教员。

由于他较早接受了维新派思想，主张"弃庙兴学"，砸了清溪寺的观音菩萨，推翻了十八罗汉。教学也不教四书五经，而是从西方传来的天文、生物、算术等课程。

于是他被人们视为中了洋鬼子的邪气，被守旧的掌权人辞退，只好在家赋闲了。

毛泽东家上屋场与李漱清住的李家屋场只有两里路。自从李漱清赋闲之后，他就常去和李闲谈，久而久之，两人成了忘年交。

在毛泽东眼里，李漱清见多识广，是个有学问的人，他一直把李视为老师。

毛泽东曾经和李漱清谈过他读的一些讲时事的新书，其中有一本叫《盛世危言》，书中强烈的救国救民的思想，对毛泽东产生了很大的影响。

在与李漱清的闲谈中,毛泽东知道了许多书本上没有的新事物、新知识,自觉受益很多。

等这天毛泽东赶来让李漱清帮他出主意时,李说:

"你可不能去米店学徒,陷在生意场会毁掉你的前途。那未免太可惜了。"

毛泽东说:

"可我爹爹的脾气你也知道,他决定的事情很难改变的。"

李漱清说:

"硬顶当然不是办法。你可以先去湘潭,到那里后不去米店,去选择一个新学堂。那时或许你父亲就会回心转意呢。"

毛泽东觉得有理,回到家就和母亲商量,准备先到湘潭再说。

正在这时,表哥文运昌来了。

文运昌是文玉钦的次子,大毛泽东九岁,是湘乡县公立东山高等小学的学生。

文运昌不赞成毛泽东去湘潭米店当学徒,建议毛泽东和他一起去东山小学读新学。

毛泽东当即决定不去湘潭,跟表哥文运昌去湘乡报考。

可是怎么说服固执的父亲呢?

还是母亲有办法,请来了东茅塘的堂兄毛麓钟、李家屋场的李漱清、井湾里的族兄毛宇居、唐家坨的舅舅文玉钦、文玉瑞,内侄文涧泉、文运昌,姨侄王季范等人来当说客。

毛顺生在众口一词的劝说下,终于改变主意,同意让毛泽东去读"洋书"。

见毛顺生同意了,大家非常高兴,最高兴的当然是毛泽东。

1910年秋天,毛泽东离开了闭塞的韶山,前去湘乡县东山高等小学堂应考。

临行前,毛泽东抄录了日本人西乡隆盛的一首诗,夹在父亲每天必看的账簿里:

> 男儿立志出乡关,
> 学不成名誓不还。
> 埋骨何须桑梓地,
> 人生无处不青山。

文惊新学堂

　　韶山到湘乡县城只有五十里路，比到湘潭县城差不多近一半。韶山的位置是处在湘潭、宁乡、湘乡三县的交界处。

　　毛泽东是和表哥文运昌徒步来到湘乡县城的。

　　湘乡县城并不大，却比较繁华，特别是在久居韶山的毛泽东眼里，更新奇得很。

　　湘乡县东山高等小学堂的前身是东山书院，题写"东山书院"匾额的就是湘乡人曾国藩。

　　以前东山书院就是地主豪绅培养他们子弟的最高学府，所以修建得十分壮观、气派，是一般县城学馆无法比的。

　　由于东山小学堂下学期考生名额已满，文运昌只得向小学堂的堂长李元甫力荐毛泽东，说他这个表弟文章如何写得好，不让他入学，实在可惜。

李元甫是维新派人士，平素也非常爱护人才，听文运昌这样一说，生发好奇心，也想看看这个考生文章到底怎么样。

于是，毛泽东来到的当天晚上就接受考试，在李元甫等人的眼皮子底下挥毫写了一篇《言志》。

次日清晨，毛泽东得到被录取的通知，自然欢喜不尽。

李元甫看过他的文章后说：

"今天我亲自监的考，看过毛生的文章，我敢说，我们今天取了一名建国才。"

此后，毛泽东的文章常常被教国文的教师推荐给同学们"传观"，或加上批语，贴在"揭示栏"内。

毛泽东写的《宋襄公论》《救亡图存论》很受同学们推崇。

国文教师谭咏春做了这样的评语：

"视君身有仙骨，环观气宇，似黄河之水，一泻千里。"

这样的评语已高得不能再高了。

毛泽东文章写得好，得益于他六年私塾打下的深厚的古文基础，也得益于许多闲书和《盛世危言》一类的新书开阔了他的眼界和知识。

东山学堂有一座藏书楼，里面有成千上万册图书，其中除了东山书院留下的古籍图书外，近年来还添置了不少新书。

这使毛泽东大开眼界，像寻宝的人发现了新的宝藏一样，他经常去查阅那些新书。

这时，在湘乡城里，一般人还不曾听说孙中山的名字。在藏书楼里康有为、梁启超的著作居多。

毛泽东觉得康有为、梁启超的文章从内容到文体都很新鲜，便有意模仿，甚至成为康、梁的崇拜者。

直到这时，毛泽东才知道慈禧太后和光绪皇帝已死，五岁的溥仪当了宣统皇帝。他有些纳闷：

一个五岁的细伢子怎么能当皇帝呢？要是有康、梁那样的大臣辅助还差不多，而朝廷却偏不容他们，逼得他们流亡海外。

毛泽东更不知道，此时孙中山主张的推翻清政府的民主革命思潮，正代替康、梁的维新变法思想而成为时代的主流。

只不过是孙中山的革命派把主要精力都放在发动武装起义上面，没有在思想启蒙上下工夫。

在这种情况下，毛泽东主要从维新派那里接受政治启蒙是很自然的事情。

在此期间，毛泽东除了表哥文运昌之外，还结交了两个好朋友。

一个是国文教师谭咏春的儿子谭世瑛，另一个是萧子暲。

因为文运昌是高班学生，与毛泽东接触少。还有一个高班生，叫萧子升，是萧子暲的哥哥，后来也成为毛泽东的好友。

毛泽东从萧子暲手里借到了一本《世界英雄豪杰传》。其中记载了拿破仑、彼得大帝、卢梭、华盛顿、叶卡捷琳娜女皇等世界名人的事迹。

毛泽东看后，对萧子暲说：

"中国也要有这样的人物。

"我们应该讲求富国强兵之道，才不致蹈安南、朝鲜、印度的覆辙。

"你知道中国有句古话，'前车之覆，后车之鉴'，而且我们每个国民都应该努力。

"顾炎武说得好，'天下兴亡，匹夫有责'，中国积弱不振，要使它富强、独立起来，要用很长的时间。

"但是时间长不要紧，你看，华盛顿经过八年战争之后，才取得了胜利，建立了美国，我们也要准备长期奋斗。"

东山书院旧址

毛泽东在东山小学堂就读的时间并不长，1911年春天，他就去了长沙，投考湘乡驻省中学。

是李元甫、谭咏春和教修身的老师贺南纲建议毛泽东去长沙的，三人还为他写了推荐信。

他们认为毛泽东的国文和历史知识已经到了中学程度，不宜再读小学。

虽然在东山小学堂就读的时间不太长，可这里是毛泽东新学的起点，他对这里很有感情。新中国成立后，他还为这里书写了"东山学校"的匾额，并把当年学友谭世瑛邀请到中南海。遗憾的是他的三位好老师李元甫、谭咏春、贺南纲在新中国成立前都已先后去世了。

谭世瑛告诉毛泽东，李元甫一直记着毛泽东这位优秀的学生，还写了一副对联：

为国育才，应有一木支大厦，

齐家教子，不及三葛在南阳。

剪辫子

1911年春，在父亲的同意下，毛泽东到长沙去报考湘乡县驻省中等学堂。这时他已经十八岁了。

毛泽东去长沙并没有从湘潭搭小火轮，而是从宁乡道林冲这条官路上走的。一百二十里，中途歇了一夜，第二天中午才到达湘江西岸，再乘船过湘江，到达长沙的大西门。

大西门内就是长沙有名繁华的坡子街。

而湘乡驻省中学设在南阳街新安巷的湘乡会馆里面。

这里没有高楼大厦，一大片平房，足足占了半条街。

原来，湘乡驻省中学和东山小学堂一样，是湘乡县的豪绅们教育子弟的场所。

因为曾国藩部下的官员和将军们都不住在原籍湘乡，而在长沙定居,这所中学就是专供他们子弟上学的。此外,东山小学堂也推荐一些学生来深造,加起来也不到一百名学生。

来时,毛泽东还担心这所学堂不录取他,可等他拿出三位教师的推荐信后,学监满口答应,也没用考试,就顺利地录取了他。

在湘乡驻省中学有一个阅览室,比东山书院的藏书楼要小,这里有很多新书,还有藏书楼没有的报纸。毛泽东很快被报纸迷住了,因为报纸可以满足他对时事的关心。

从此,他每天都离不开报纸,特别喜欢于右任主编的《民立报》。

《民立报》是同盟会的机关报,是坚决反对帝制的。

通过阅读报纸,毛泽东才知道了孙中山和黄兴,知道了同盟会的纲领是"驱逐鞑虏,恢复中华,创立民国,平均地权"。

有一天,毛泽东从报上看到了一条新闻,大意是:

4月27日,广州起义爆发,黄兴率敢死队员一百二十多人猛扑督署,与清军激战一夜,因寡难敌众而失败。事后,百姓们收殓七十二具烈士遗体,合葬于广州城外的黄花岗。

毛泽东看完这条消息,心潮难平,被烈士们为国为民慷慨捐躯的精神深深打动了。

当夜他怎么的也睡不着了,于是写了一篇政论文,并用大字眷清,次日天刚亮,就贴到学校的"揭示栏"内。

在这篇文章中,毛泽东公开提出:

推翻满清王朝，建立共和政府，把孙中山从日本请回来，就任新政府的大总统，由康有为当国务总理，梁启超当外交部长。

这是毛泽东第一次公开发表政见。

当时，毛泽东还不知道，革命党的孙中山和保皇党的康有为、梁启超，有着根本分歧，是不能凑在一起共事的。

实际上，还是因为毛泽东没有去掉对康、梁二人的崇拜。

尽管这样，毛泽东由主张君主立宪，改变为拥护共和制、推翻清王朝，这可以说是个巨大的飞跃。

毛泽东的政论文引来同学们的议论，多数人对毛泽东的胆识和救国热情表示钦佩。

由于湖南巡抚杨文鼎对革命党和保皇党的活动采取中立态度，对革命党的贴示也就听之任之。所以，毛泽东的政论文也没造成什么后果。

这时，又爆发了四川保路运动，这是清政府想把川汉、粤汉两条铁路出卖给帝国主义引发的。

这是一场旨在反对清政府出卖国家主权的群众运动，是辛亥革命的导火线。长沙的学生们也加入了这一队伍，支持"保路运动"。满怀爱国激情的毛泽东很快就成了其中的一名积极分子。

一天，各个学校的学生们正在一起集会，大家都对封建统治的黑暗腐败愤恨不已。沉默了许久的毛泽东忽然大声说道：

"各位同学，既然朝廷祸国殃民，我们就要用实际行动来进行反抗，仅嘴上说说是不够的。"

大家对毛泽东提出的观点纷纷表示赞同。但是用怎样的实际行动来反抗呢？大家都没有想出一个好的办法。其中一名同学问毛泽东：

"可咱们还是学生，能干什么呢？"

毛泽东沉着干脆地回答：

"剪辫子！"

他的这句话在同学们中间引起了一阵骚动，大家开始议论起来。在清朝，成年男人都留着长长的大辫子，革命派为了反对这种象征着封建专制统治的陋习，曾经大力宣传剪掉辫子，但是由于封建思想在人们头脑中根深蒂固，很多人都不能接受这种"激进"的做法，即使在这些爱国的青年学生里面，也还有人存在着这种保守的思想。果不其然，一个学法律的学生向毛泽东发起了猛攻：

"古人云，身体发肤受之于父母，是不能随意毁伤的，剪了辫子就意味着不孝。"

毛泽东听了微笑道：

"可是，众所周知，我们的祖先没有留辫子，是清朝统治后，强令人民剃发蓄辫的，当年我们的许多先人都反对剃头，还有为此不惜断头的呢。请问这位同学，按照你的说法，到底是留着辫子是孝呢，还是剪了辫子是孝呢？"

那个学法律的同学被问得哑口无言。

毛泽东接着说道：

"我们剪辫子是为了表明我们救国反清的决心，大家在这里慷慨陈词，难道连做这点小事都不敢吗？"

毛泽东的话得到了同学们的赞同，大家找来了剪刀，毛泽东二话不说，拿起剪刀"咔嚓"一下就把留了十几年的辫子给剪掉了。

接着又有几个勇敢的学生也剪了辫子。但剩下的几个人却在剪刀面前胆怯、犹豫了。这个说："让我回去问问我父亲。"那个说："让我再想想……"

毛泽东正色道：

"做人要言而有信，不能出尔反尔，你们这样胆小，将来能成就大事业吗？"说完，便和几个已剪了辫子的同学一起，把其他同学的辫子全都剪掉了。

伟人的青少年时代

毅然投军

革命的形势发展很快。

1911年10月10日，武昌起义获得成功。

毛泽东从城外兵营里两个韶山老乡处听到这一消息，急忙回来告诉了同学们，大家高兴得又叫又跳。

有一天，一位湖北来的革命党人到湘乡驻省中学，得到校长的许可后，在全校师生大会上做了一次演讲。

他介绍了武昌起义的经过，说明义军推举黎元洪已当上湖北省都督，但清政府起用了北洋大臣袁世凯，挂上湖广总督的头衔，指挥重兵向武汉三镇杀来。

他说，湖北目前局势十分危急，还呼吁一切革命分子和爱国志士，立即行动起来，援助湖北起义军，以完成推翻清朝、建立民国的大业。

这位革命党人演讲之后，学生们议论纷纷，跃跃欲试。

毛泽东却一言不发。

有人问他怎么不吭声，他说：

"现在不是发议论的时候，重要的是行动。"

"行动？怎么行动？"有人问他。

毛泽东果断地说：

"去当兵！"

经他一提议，当即有四个同学愿意同他一起投笔从戎。

说干就干，他们决定收拾行装立刻前往武汉。

可是准备出发时，他们发现穿的都是布鞋，知道湖北那地方水多，没胶鞋是不行的。于是，分头准备胶鞋。

毛泽东手里只有六块钱，除掉去武汉的船票，如果再买胶鞋，连伙食费也没了。

他于是来到城外兵营，想向韶山老乡借一双胶鞋。

这一天正是10月22日。

毛泽东来到兵营门口，哨兵不让他进，悄悄告诉他，快点离开，部队要出发打仗。

果然，这一天城外的新军和城里的巡防营里应外合，轻松夺取长沙城。

次日，成立了中华民国湖南军政府，同盟会员焦达峰和陈作新被推

举为正副都督。

军政府成立后，通电全国，宣布湖南光复。

随后，军政府开始招募新兵，扩充军队，准备救助武汉。

毛泽东和另外四名同学也没去成武汉。四名同学认为革命党掌了权，还是应该先谋个差事，都不想再当兵了。

可毛泽东认为革命并没成功，毕竟清政府还未推翻，而武汉战事也十分危急，他决定仍去投军。

这回也不用跑到武汉去了，加入湖南新军也可以去救援湖北。

于是，毛泽东到城外新军兵营投军，被招兵长官一眼相中，编入新军第二十五混成协（旅）五十标（团）第一营左队，成了一名正规军列兵。

为了准备去湖北打仗，新军紧张操练。

毛泽东操练得极为认真，只等着上司下令，立即开往前线，投入战斗。

可是，新军只是操练，却迟迟不开赴武汉前线。

毛泽东不知道，10月30日，军政府的正副都督焦达峰和陈作新已被湖南豪绅头子、参议院院长谭延闿阴谋杀害，由谭延闿接替湖南军政府的都督。

谭延闿是立宪派，表面装作拥护革命，骨子里却十分反动，他当然不肯发兵去湖北援助革命军。

但武昌起义的革命烈火已经迅速燃遍中华大地，许多省纷纷响应，相继光复。

12月25日，孙中山从国外返回上海。29日在南京召开了十七省代表会议，推举孙中山为民国临时大总统。

1912年元旦，中华民国临时政府在南京成立，孙中山由上海到南京，宣誓就职。

1912年2月12日，在袁世凯软硬兼施下，清宣统皇帝退位。从此结束了清王朝二百六十八年的统治。

这时，毛泽东才觉得自己投军的目的已经实现，决定退出军队，重新考虑自己的前途。

他一共当了半年兵。

考进师范

1912年春天,毛泽东退出了新军。

这时,他认为天下太平了,自己也该选择一个职业了。

将来究竟从事什么职业呢?

他一时没有明确主见,开始了选择。

他先后选择的投考学校有:

警察学校、制造肥皂的学校、法科学校、商业学堂、公立高级商业学校、湖南省第一高等中学。

在这些学校中,有的报了名没考,有的考取了没上,有的上了时间不长,顶数湖南省第一高等中学读的时间长,是一个学期。

在这所学校里,毛泽东的文史知识是出类拔萃的,深得校长和国文教师的喜爱和器重。

在这所学校时，毛泽东写过一篇叫《商鞅徙木立信论》的作文，受到国文教师柳潜的夸赞。

柳潜还把自己珍藏的一套《御批历代通鉴辑览》借给毛泽东阅读。

毛泽东读完这部一百一十六卷的丛书，感到收获很大，同时愈发觉得自学的好处，便决定退学自修。

退学之后，毛泽东仍借住在长沙南阳街新安巷的湘乡会馆里，每天到定王台湖南图书馆读书。

从南阳街新发巷到浏阳门外的定王台有三里路，毛泽东每天都要步行，早出晚归，中午吃两块米糕充饥。

毛泽东每天来得最早，走得最晚，而且风雨不误，他的自学精神让图书馆的管理员都受到感动。

后来毛泽东回忆起这段自学生活时，说：

"那时进了图书馆，就像牛闯进了菜园子，尝到了菜的味道，就拼命地吃。"

在图书馆，毛泽东广泛阅读了许多古今中外的名著。

他兴趣最大，投入精力最多的是读18世纪、19世纪西方资产阶级的社会科学和自然科学的代表作。

其中有达尔文的《物种起源》、卢梭的《民约论》、孟德斯鸠的《法意》、亚当·斯密的《原富》、斯宾塞的《群学肄言》、穆勒的《名学》，还有严复的《天演论》。

可以说，对毛泽东影响最大的是《天演论》。

《天演论》这部书，不是赫胥黎的原著《进化论与伦理学》的忠实翻译，而是严复为了适应中国的需要，有所选择取舍，并发挥了自己的见解在内，阐述了"物竞天择"、"优胜劣败"、"世道必进，后胜于今"的进化论观点，与中国传统的"天不变，道亦不变"和"今不如古"的观点是完全相反的。

在图书馆自学期间，毛泽东第一次看到了世界大地图，当时叫作《世界坤舆大地图》。

他惊奇地发现世界竟然这么大呀！

对此毛泽东的早年朋友周世钊，还记述了毛泽东当时说过的话：

说来也是笑话，我读过小学、中学，也当过兵，却不曾看见过世界地图，因此就不知道世界有多大。湖南图书馆的墙壁上，挂有一张世界大地图，我每天经过那里，总是站着看一看。

过去我认为湘潭县大，湖南省更大，中国自古就称为天下，当然大得了不得。

但从这个地图上看来，中国只占世界的一小部分，湖南省更小，湘潭县在地图上没有看见，韶山当然就更没有影子了。世界原来有这么大！

世界既大，人就一定特别多。这样多的人怎样过生活，难道不值得我们注意吗？从韶山冲的情形来看，那里的人大都过着痛苦的生活，不是挨饿，就是挨冻。有无钱治病看着病死的；有交不起租谷钱粮被关进监狱活活折磨死的；还有家庭里、乡邻间，为着大大小小的纠纷，吵嘴、打架、闹得鸡犬不宁，甚至弄得投塘、吊颈的；至于没有书读，做一世睁眼瞎子的就更多了。

在韶山冲里，我就没有看见几个生活过得快活的人。韶山冲的情形是这样，全湘潭县、全湖南省、全中国、全世界的情形，恐怕也差不多！

我真怀疑，人生在世间，难道都注定要过痛苦的生活吗？决不！为什么会有这种现象呢？

这是制度不好，政治不好，是因为世界上存在着人剥削人、人压迫人的制度，所以使世界上大多数人都陷入痛苦的深潭。

这种不合理的现象，是不应该永远存在的，是应该彻底推翻、彻底改造的！总有一天，世界会起变化，一切痛苦的人，都会变成快活的人，幸福的人！

世界的变化，不会自己发生必须通过革命，通过人的努力。我因此想到我们青年的责任真是重大，我们应该做的事情真多，要走的道路真长。

从这时候起，我就要为中国痛苦的人、全世界痛苦的人贡献自己全部的力量。

毛泽东在刻苦的自学中，不觉时光飞速流逝。

转眼间到了1913年春节。

他没有回韶山过春节，仍然在新安巷的湘乡会馆里与书相伴。

他打算明年仍然自修，可他的计划很快就被打破了。

过完春节不久，他姨表哥王季范来到长沙，捎来他父亲的一封信，信中说如果他再不考学校，不谋职业，不务正业，家里就断绝一切费用供给，再不会给他寄一分钱。

恰在这时，"住房危机"也来了。

他住的湘乡会馆被一些退伍的、被遣散的士兵占领了，这些人整天喝酒闹事，甚至与学生们发生流血冲突，他难以在这里住下去了。

看来自学肯定不行了。

毛泽东让王季范帮他拿主意。

王季范建议毛泽东继续上学，他在湖南高等师范学堂毕业后，在湖南第一师范当了数学教师，认为毛泽东去考师范也不错。可是第一师范春天不招生。

毛泽东又去看报纸上各式各样的广告。找到了湖南省第四师范学校的招生广告，和第一师范一样，不收学费，食宿费也很低廉。

王季范也支持毛泽东投考第四师范。

毛泽东就给父亲写信说了，没过几天，父亲回了信，同意他报考师范学堂，还给他汇来10块银洋。

就这样，毛泽东考上了第四师范，被编在预科第一班。

一年后，到1914年春天，第四师范合并到第一师范，毛泽东就和三百多名同学及几位教师转到第一师范来了。

本来，毛泽东应该转到本科，但一师和四师招生时间不一致，一师是秋天始业，四师是春天始业，这样他还得读预科。

所以，毛泽东是1913年春天考进四师的，直到1918年暑假才能从一师毕业，算起来一共是五年半，多读了半年。

湖南省立第一师范学校湘潭学友会第一次留影

湖南省立第一师范学校旧址

湖南第一师范创建于1903年，最初称湖南师范馆，前身是南宋著名理学家张栻讲学的城南书院。同朱熹讲学的岳麓书院只一江之隔。

学校坐落在长沙南门外妙高峰下，面对湘江，东靠粤汉铁路，隔江望去，西岸就是岳麓山，学校环境还是很优美的。

第一师范还以校风优良而著名。因为师范是免费公立学校，其任务是培养小学教师。而一般有钱人家子弟都不愿意投考，所以学生大都来自农村或贫寒家庭。

这样，学生们在读书求知方面都比较刻苦，生活方面也极为俭朴，也就形成了勤俭质朴的好校风。

毛泽东可以说是学生中最刻苦学习的。按照学校的规定，晚上9时就寝，9时半熄灯。可他总觉得读书时间不够，每天熄灯后，就坐到走廊的路灯底下，或到茶炉房门口，一直读书到深夜。这两处的电灯是彻夜不熄的。

毛泽东开始把注意力集中地放在社会科学方面，不重视自然科学，尤其不愿意画画。

有一次图画老师让画花瓶、茶壶、茶杯的"静物写生"，毛泽东在白纸上画了一条横线，又在横线上画了个半圆，并在一旁写上了李白的一句诗："半壁见海日"，起身交卷，夹着本书躲到自修室去了。

1914年春，在湖南长沙师范就读的毛泽东。

由于第一师范学校课程过于繁杂，学科将近二十个，规则烦琐，教学法又呆板，毛泽东不想在自己不想学的东西上浪费时间，进一师一年多，他就想退学了。

他想一面工作，一面自修，努力钻研哲学和伦理学，专门去探寻人世间和宇宙间的本源。

但是，他退学的打算遭到了一个人的反对，这个人就是他的恩师杨昌济。

以诗明志

杨昌济是一师教伦理学的老师。

他虽是清朝的秀才。可思想激进，曾参加过谭嗣同和唐才常组织的南学会，当这两位先贤殉难时，他在密友杨毓麟的支持下，抛妻别子，到日本和英国留学十年。

在国外时，他时刻想到报效祖国，就自己改了名号，叫作"怀中"。

杨昌济是一位治学严谨，而且具有高尚气节的人。

辛亥革命那年，他正在英国伦敦，听到国内推翻帝制，在南京成立中华民国临时政府的消息后，立刻回国，想把平生所学，全部献给新的国家。

然而，谁都没有想到，南北议和，孙中山主动让位，大好中华落到袁世凯手里。

杨昌济留学英国、日本，很有做官钻营的资本，可他主张"一不做官，二不混世"，写了一副对联明志：

  自闭桃源称太古

  欲栽大木拄长天

他以此联表示终身要从事清贫淡泊的教育事业，培养出建国济世的栋梁之材。

杨昌济以他的"慧眼"发现了一棵可以成为"大木"的"异材"。

这个"异材"就是毛泽东。

在杨昌济看来，毛泽东品学兼优，前途不可限量。

在众多学生中，只有毛泽东和蔡和森是杨昌济最为欣赏和喜爱的。

所以，当毛泽东来到杨家，向恩师说明

毛泽东的恩师杨昌济

退学之意时，杨昌济立即表示反对。

随后，杨昌济语重心长地向毛泽东讲了一番道理，终于使毛泽东打消退学的念头。

毛泽东离开恩师家，回到学校，细细回味恩师的教诲，悟出一个人要成就大事，必须"吃得苦，打基础，靠群体"，心中对恩师又增加了几分敬意与感激。

既然不想退学，就得好好学习。按恩师的教诲，还不能偏科，毛泽东又埋头苦学起来。

但学校也开始不平静了。

1914年8月，第一次世界大战爆发，德国是主要的参战国。

日本见德国无暇东顾，就趁火打劫要侵夺德国在中国的全部特权，1915年1月，以赞助袁世凯称帝为诱饵，提出了吞噬中国主权的"二十一条"，并于5月7日发出最后通牒。

5月9日，袁世凯政府复文表示基本接受。

消息传出，举国愤慨。

第一师范的师生把几篇反对卖国条约的言论编印成册，题名《明耻篇》。

毛泽东读罢，义愤填膺，在封面上写下四句誓言：

五月七日，

民国奇耻，

何以报仇？

在我学子！

和许多热血青年一样，毛泽东时刻关注着国家民族的安危。

就在编印《明耻篇》之后，长沙学界又发生了令世人悲愤的事件。彭超为第一中学学生，因为抗议日本的最后通牒，满心积郁，竟跳进湘江自杀。自杀之前，彭超留下了一封遗书：

五月七日，日本之最后通牒报来，我祖国四千六百余年之神明土地，从此为外人破矣！能不伤哉！能不痛哉！我同胞应知我国之最可哭，最可惨，最可羞，最可耻的事，莫过于此次之外交失败！吾有何面目以对国家也？其将何术以救国也？……

彭超的死，使全国上下为之震惊！同时也感到悲伤和叹息。

这件事，也使毛泽东非常难过。他心情非常沉重，再一次忧虑起国家民族的命运。

他的思绪在翻涌：

最近十年来，湖南涌现出了一批愤激的革命青年。陈天华为了抗议日本当局对留学生的迫害，竟利用自己年轻宝贵的生命来唤醒中华民众的觉醒，于1905年12月8日，在日本大森湾跳海自杀了。

杨毓麟，长沙人，杨昌济的密友，他是同盟会员，在上海创办了《神州日报》。1908年赴英留学。1911年3月，得知黄花岗烈士们殉难的消息后，异常悲愤，竟也在英国的利物浦投海自杀。

后来，又有一个益阳人，名叫姚洪业，从日本留学归来后，在上海创办了一所中国公学，大力倡导革命救国，因而受到官绅和洋大人的压迫，他悲愤不已，也留下一封遗书，就跳进了黄浦江中……

如今，又出现了一个彭超！

对于这几位爱国志士的死，毛泽东在沉痛惋惜的同时，认为这种做法不可取，与其自杀而死，不如奋斗而死。自杀是懦弱的表现，中国人民要做强者，拿起手中有力的反抗武器，把救国的道理告诉全国的广大民众。

5月23日，学友会为毛泽东的好友，因病去世的易昌陶举行追悼会，毛泽东写了一首挽诗，表达了对民族危难的沉重忧虑，及以雪耻救亡为己任的学子抱负。

这首诗是毛泽东最早诗作，可见诗人满腔爱国情怀。

去去思君深，思君君不来。

愁杀芳年友，悲叹有馀哀。

衡阳雁声彻,湘滨春溜回。

感物念所欢,踯躅南城隈。

城隈草萋萋,涔泪侵双题。

采采余孤景,日落衡云西,

方期沆漾游,零落匪所思。

永诀从今始,午夜惊鸣鸡。

鸣鸡一声唱,汗漫东皋上。

冉冉望君来,握手珠眶涨。

关山塞骥足,飞飙捕灵帐。

我怀郁如焚,放歌倚列嶂。

列嶂青且茜,愿言试长剑。

东海有岛夷,北山尽仇怨。

荡涤谁氏子,安得辞浮贱。

子期竟早亡,牙琴从此绝。

琴绝最伤情,朱华春不荣。

后来有千日,谁与共平生?

望灵荐杯酒,惨淡看铭旌。

惆怅中何寄,江天水一泓。

1915年从夏到冬,校园内外的反袁运动一直都在进行。许多师生仍不分昼夜地做宣传救国的工作。毛泽东大部分的时间都在长沙，不停地演说，写文章。

袁世凯这个窃国大盗，不顾全国人民的抗议，倒行逆施，公然要恢复帝制，自己做皇帝。

8月，北京成立了"筹安会"，拥护袁世凯做皇帝。长沙也马上成立了"筹安会分会"，由袁世凯的亲信汤芗铭操纵，为袁世凯登基大造舆论。

汤芗铭，湖北蕲水人，曾经留学英国，早年参加了同盟会。他因偷了一本同盟会会员的名册想到北京向清政府去告密，被及时发现而被孙中山开除了会籍。于是他转投靠了袁世凯，升到海军次长。

1914年，当上了湖南军政府的都督。他上任后就四处捕杀革命党人，不到半年时间，就杀害了五千多人，湖南人都骂他为汤屠夫……

1915年10月30日，在湖南《大公报》的第一版上，刊登了汤芗铭的《劝进电》，电文说：

十月二十八日，湖南国民大会依法投票决定国体。全体一致赞成君主立宪，各界代表复以国民公意，恭戴我大总统中华帝国皇帝，传之万世，永定国基。维时万众欢腾，歌声雷动……

第一师范的师生们看到这个电文之后，再也忍耐不住了，他们募集资金，编印了一本小册子，书名是《汤康梁三先生之时局痛言》，收集了汤化龙、康有为、梁启超三人反对袁世凯称帝的文章进行广泛宣传。

当时的政局是纷纭复杂的，这些知名人物的思想也是随着时局不断变化的。毛泽东和他的同学们就利用他们对袁世凯称帝不满这一点，选编他们的文章，以起到宣传反袁斗争的作用。

一方面是爱国人士的反袁称帝斗争，另一方面却有一部分师生见风使舵，转而拥护袁称帝。第一师范校长武绍程和历史教员廖名缙就是其中的代表。廖上午还在船山学社讲反对袁世凯称帝，下午回到一师却成了拥护袁世凯称帝的积极分子。毛泽东和他的同学张昆弟、罗学瓒等同他们展开了激烈的斗争，驳得武绍程和廖名缙哑口无言，急忙逃走。

在学生们爱国热情的影响下，徐特立、方维夏、杨昌济、王季范等许多老师也由内心的不满转变为公开的反抗，参加到斗争队伍中来了。

由于师生们的反袁爱国斗争影响日益扩大，汤芗铭竟派出大批军警，来一师捉拿"乱党"，把学生宿舍、教员备课室都搜遍了，由于早有戒备，军警们没有抓到什么把柄，只好作罢。

12月12日，袁世凯不顾全国人民的强烈反对，居然在北京举行登基庆典，当上了"洪宪皇帝"，把1916年改为"洪宪元年"。湖南都督汤芗铭自然是拥护袁世凯称帝的急先锋，接二连三地向北京发贺电和效忠电，表示要"赴汤蹈火，为王前驱"。

袁世凯也十分感谢这些忠臣，就在1916年1月1日，册封汤芗铭为"一等侯"、"靖武将军"。

这样一来，汤芗铭就更加神气了，居然把"五族共和"的五色旗换成了龙旗，命令长沙所有的报纸都改用"洪宪"纪年，而且吹吹打打，大肆庆祝，古老的长沙城里，被搞得乌烟瘴气。

由于全国人民的坚决抵制，加上蔡锷领导的护国军在云南起义，全国各地纷纷响应，宣布独立，逼得袁世凯不得不在3月22日宣布取消帝制，废止"洪宪"纪年。袁世凯做了八十三天的皇帝梦，宣布恢复他的大总统职务。但是，各省还是不答应，坚持要他下野。

这时，曾表示"为王前驱"的"靖武将军"汤芗铭，一看形势不妙，马上摇身一变，又成了反袁派。6月初，他给北京发了一封电报，劝袁世凯"引退"，态度很严厉，措辞亦颇激烈。

袁世凯本来就吓病了，接到汤芗铭的电报，看到心腹宠臣都倒了戈，连叫三声"完了！完了！完了！"就晕死过去。过了两天，到了6月6日，就两腿一蹬，呜呼哀哉了。人们说：汤芗铭的电报是"送终汤"。

随后，湖南都督汤芗铭也跑了。

第一师范的校长武绍程也不得不下台了。

学生们欢呼雀跃，师生联合还召开了一个庆祝反袁斗争胜利大会。

但毛泽东却很冷静，他认为：袁世凯虽然死了，可军阀势力还在，斗争还未结束，况且日本军阀对中国仍然是个大威胁。

同学们都佩服毛泽东的远见卓识。

7月25日,毛泽东在给好友萧子升的信中,对中日关系做了精辟分析,有这样几段话:

> 驻日公使有急报归国,《大公报》登之,足下可观焉。
>
> 大隈阁有动摇之说,然无论何人执政,其对我政策不易。
>
> 思之思之,日人诚我国劲敌。
>
> 我以纵横万里而屈于三岛;民数号四万万,而对此三千万者为之奴。
>
> 况山东已失,开济之路已为攫去,则入河南矣!
>
> 二十年内非一战不足以图存,而国人犹沉酣未觉,注意东事少。
>
> 愚意吾侪无他事可做,欲完自身以保子孙,止有磨砺以待日本。
>
> 吾之内情,彼尽知之,而吾人有不知者;彼之内状,吾人寡有知者焉!
>
> 吾愿足下看报注意东事。

果然,二十一年后爆发了抗日战争!

竟被当时二十三岁的毛泽东预言中了。

游 学

如果把毛泽东在一师的学习生活分为前后两个阶段，那么1916年正好是一个不大不小的转折。

前期，他更多地关注传统典籍。

后期，他把重点放在哲学、伦理学上，社会实践也更加广阔和丰富了。

对于毛泽东后期的思想变化，与《新青年》的影响有很大关系。

《新青年》是安徽省都督府秘书长陈独秀创办的，这个杂志及其上面的文章，铸造了一代人的信仰和品格。

毛泽东是《新青年》众多读者和追随者中的一个，他非常钦佩胡适和陈独秀在上面登载的文章。

是杨昌济把《新青年》推荐给学生们的，他本人就为《新青年》写文章。

1917年4月1日,《新青年》上刊载了一篇文章,叫《体育之研究》,全文约七千字,署名"二十八画生"。

这个二十八画生,就是毛泽东。

是杨昌济把他的文章推荐给陈独秀的。

这是毛泽东公开发表的第一篇文章。

《新青年》杂志

他在文章中把体育和国力联系起来,认为身体是知识和道德的载体,提出了一个口号:"欲文明其精神,先自野蛮其体魄。"

还说"意志者也,固人生事业之先驱也。"

这篇文章并不是对体育这个运动形式的研究,而是借此提倡武勇世风和充满朝气的奋斗向上的人生观。

这期间,在毛泽东的日记里,写下了这样的话:

"与天奋斗,其乐无穷;与地奋斗,其乐无穷;与人奋斗,其乐无穷。"

毛泽东自己也很重视身体锻炼，主张德、智、体三育并重。

他参加的体育锻炼项目很多，主要有冷水浴、日光浴、风浴、雨浴、游泳、登山、露宿，长途步行，以及体操和拳术等。

冷水浴，他是仿行杨昌济，不管春夏秋冬，每天天刚亮，从校园的井里吊上冷水，往身上冲洗，并用毛巾擦干。

游泳是毛泽东最喜爱的体育运动，常常和同学们去畅游湘江。

说到长途步行，不能不提到毛泽东的"游学"。

第一次游学是1917年暑假，游伴是萧子升。

萧子升在湘江东山高小毕业后，考上了长沙的湖南优级师范，当时已毕业，在楚怡小学当教员。

开始和他们同行的还有一师同学萧蔚然，他要回安化老家度假。

三个人每人只带一把雨伞，还有一个装换洗衣服、毛巾、笔记本、墨盒、毛笔的布袋子。

他们穿的是草鞋。

三人从长沙小西门出发，渡过湘乡，直向西走，过了白箬铺，就到了宁乡县城。

在宁乡县城，他们在一师同学王熙家住了两晚，走访了劝学所，并给所长喻士龙送了一副对联。

还游历了香山寺，到宋家潭找农民了解生产和生活情况。

当他们又饿又累的时候，便找到一个姓刘的老翰林门上，毛泽东和萧子升写了联句：

>翻山渡水之名郡，
>
>竹杖草履谒学尊。
>
>途见白云如晶海，
>
>沾水晨露浸饿身。

表达了他们的窘境和对老翰林的尊敬，诗写得不怎么样，老翰林打发他们四十个铜板，够吃几顿便宜饭了。

随后，他们又游览了回龙山的白云寺，给寺里的和尚送了对联。

进入黄材镇，替一些小店写了招牌，还了解了农村小市镇的贸易情况。

这时，他们想起了老同学何叔衡。

何叔衡家在宁乡县杓子冲，他比毛泽东大十七岁，本来已是秀才，三十七岁考入第四师范，和毛泽东一起又转入第一师范。去年毕业后，也到楚怡小学教书，与萧子升成了同事。

这天，三人从宁乡县出发，步行一百四十里，到杓子冲时已是半夜了。

见到三人乞丐般模样，何叔衡又惊又喜，好酒好菜，好一番招待。

离开何叔衡家，三人继续往前走，到了宁乡沩山的密印寺。

在密印寺的万佛殿,他们欣赏了宋代大书法家米芾书写的对联,还有于右任、冯玉祥的题词。

后来又同方丈讨论了佛经和《老子》《庄子》,并聆听了张三元举义旗造反的故事。

继续前行,就到了安化县的司徒铺,萧蔚然辞别二人,回了老家。

毛泽东、萧子升继续"游学"。

在去梅城的路上,二人露宿在河堤上。他们找来两块又大又平的石头做枕头。毛泽东风趣地说:

"沙地当床,石头当枕,蓝天当帐,月亮为灯"。

又把包袱、雨伞挂在一棵老树上,说:

"这就是衣柜。"

毛泽东躺下时,见萧子升却要去河边洗脚,笑说:

"你还要保持那绅士习惯吗?你是一个要饭的绅士呢。今晚试试不洗脚,看能否睡得好。"

等萧子升洗脚回来,又困又累的毛泽东已经酣然入梦。

到了梅城,他们特意去拜访了安化县劝学所长夏默庵。

这位老先生是饱学之士,且性情高傲,一向拒游学先生于门外。

毛泽东亲往求见,两次遭拒,并不灰心,第三次又登门拜访。

夏默庵只好开门相见,并挥笔写了上联:

绿杨枝上鸟声声,春到也,春去也,

毛泽东知道他是测试自己学问深浅。提笔写出下联:

青草池中蛙句句,为公乎?为私乎?

夏默庵这才露出笑容,连声称赞,并留餐宿,彻夜长谈。临别,还赠给毛泽东八块银洋。

接着,毛泽东和萧子升在街上买了纸,沿街给一些重要店铺送去大字店铺名字,赚回一些钱,以解决路上的伙食费和住宿费。

他们还游览了孔庙,看了祭祀用的"铜壶滴漏"。毛泽东在北宝塔的第七层墙上,题了一副对联:

伊水拖蓝,紫云反照。
铜钟滴水,梅岭寒泉。

离开梅城,经马迹塘、桃花江,到达益阳县城。

他们在城内县长告示上,发现县长张康峰竟是原第一师范学校的化学教员。

于是两个人以乞丐身份去求见县长大人,挨了门房的臭骂,差点让卫兵给关押起来。

尽管县长最终接见了他们，可那些下人的态度，让二人感慨万端。

离开后，毛泽东说：

"那个门房虽然可恶，但是，他的主人张先生更坏。那个门房不过是执行命令罢了，是张先生明确指出了不要让穷人进去。张先生就是那种势利小人，这种人的人生目标就是权势和金钱，他们的头脑里不可能有一点高尚的思想。"

从益阳到沅江，他们还想继续前行，可因洞庭湖发了大水，只好放弃前行念头，乘船返回长沙。

对这次游学，毛泽东总结说：

"一切困难都是可以克服的，只要彻底认识到我们的目标。"

这次游学历时一个多月，途经长沙、宁乡、安化、益阳、沅江五县，步行近千里。

一师的师生们传阅毛泽东的游学笔记后，纷纷赞誉毛泽东是"身无半文，心忧天下"。

1917年12月，毛泽东自己又到浏阳县游学，还和农民一起挑水种菜。

1918年夏，毛泽东和蔡和森到滨湖地区进行了一次游学，沿途写了不少通讯稿寄给《湖南通俗教育》发表。

只可惜，这些通讯稿没有保存下来。

这些游学活动，使毛泽东深入广泛地了解了中国社会，尤其是农村的状况，在他的革命道路上，产生了积极而深远的影响。

中西大荟萃

办工人夜学

就在毛泽东和萧子升游学期间，中国政局又发生了许多重大变化：

先是皖系军阀段祺瑞利用安徽督军张勋的辫子军逼走了大总统黎元洪，等张勋复辟十一天后，段祺瑞又挥师进京，赶跑了张勋，又把小皇帝宣统踢下龙座。

随后，副总统直系军阀冯国璋接任大总统，而实权却控制在担任国务总理的段祺瑞手里。

孙中山从上海到广州，得到桂系将军陆荣廷和谭浩明等人拥护，成立了护法军政府。

广东、广西、云南三省宣布独立。

湖南都督谭延闿被迫下台，段祺瑞的亲信、陆军次长傅良佐接任湖南督军。

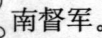

天下纷争，风云变幻。

毛泽东回到长沙，从报上看到这一切，忧虑在心头。唉，中华民族真是多灾多难啊。

毛泽东想到自己已经二十三岁了，应该为国家为民族做些事情了，可时局这样混乱，他又能做什么呢？他决定先下工夫多读些书，利用毕业前的这一年时间把哲学和伦理学的本源搞清楚。于是他就订了一个读书计划，并得到了好朋友张昆弟的支持。

但很快，出现了意外情况：学友会改选，毛泽东被推选为学友会总务兼教育研究部的部长。

毛泽东被选为总务兼教育研究部部长这件事，完全打乱了他宏伟的学习计划。总务，就是实际上的负责人。在师范学校，教育研究部又是一个很重要的部门。这样，毛泽东就会整天忙于大量的事务了。

张昆弟见到好友的读书计划被打乱，非常着急，他对毛泽东说：

"润之，你就挂个名算了，让别人去搞吧！"

毛泽东连忙摆手：

"这可使不得。同学们选举我，是对我的信任，我不能辜负大家的期望呀。"

"那，你的读书计划呢？"

"书，可以照样读嘛！"毛泽东微笑着说。

张昆弟摇摇头，说：

"只怕一双手捉不到两条鱼啊。"

"一双手捉不到，可以用渔网呀！"毛泽东幽默地说。

张昆弟还是摇头。

毛泽东从口袋里掏出《讲堂录》，指着其中的一段话对张昆弟说：

"你看看我写的这段话，就是看了你的日记之后写的。你在日记里说：'天才不可靠，勤勉可靠！'就是你的这句话启发了我。"

张昆弟接过《讲堂录》，看见毛泽东用墨笔写下的几行字：

懒惰为万恶之渊薮也。

少年须有朝气，否则暮气中之。暮气之来，乘疏懈之隙也。故曰：懒惰者，生之坟墓。

张昆弟仔细品味着这一段话，感动地说：

"我应该向你学习，我没有你这样坚决。"

"所以我就要拉你一起下水捉鱼，"毛泽东微笑着说，"你到工人夜学来管事，怎么样？"

张昆弟大吃一惊：

"什么，你还想办夜学？"

毛泽东微笑着把学友会讨论的情况对张昆弟说了一遍。

原来，这第一师范的校址在长沙城南，当时算是郊区，这里是产业工人集中的地区，其中有很多人还是文盲。在现任校长孔昭绶倡导的平民教育的提议下，上半年就开了一所工人夜学，由第一师范的教职员授课。但是办得很不成功，还不到三个月，中途就停办了。

工人夜学还办不办？由谁来办？师生们都束手无策。

现在，由学监方维夏先生把这个问题带到学友会上讨论，征求大家的意见。

毛泽东听完大家发言之后，也发表了自己的意见。他认为夜学一定要继续办下去，而且还要尽最大努力办好。举办工人夜学，是改造社会的一部分；要改造社会，不能光喊口号，必须脚踏实地地从实事做起。方维夏对毛泽东的意见表示赞同。最后，大家决议：夜学由三、四年级的同学来办，由学友会的教育研究部具体负责。

毛泽东向张昆弟介绍完了具体情况之后，笑着说：

"芝圃，我这叫'惹火上身'，你可一定要帮我，到夜学来当个管理员吧！"

张昆弟连连摇头：

"不行，不行，我底子太差，才和你一起订读书计划。如今你太忙了，顾不上读书，我只好另找他人了。"

毛泽东忙说：

"芝圃，你再回头看看自己写的日记！你自己是怎么说的？'振汝筋骨，奋汝雄心，冲决汝一切魔障，向前追进，大呼无畏，大呼猛进，为汝作先锋队焉！'难道这不是你说的话吗？"

经过毛泽东的劝说，张昆弟没话说了。

毛泽东坚信：夜学一定会办好，读书计划也一定会完成，在教别人的同时，也要强迫自己多读书，这叫作互教互学；自己闭门读书，不如开门办学，这样既增长了自己的才干，同时又丰富了自己的知识。

张昆弟终于答应担任夜学管理员职务了。

第二天，毛泽东起草了一张《工人夜学招生广告》：

列位大家来听我说句白话：列位最不便益的是什么？大家晓得吗？就是俗话说的，讲了写不得，写了认不得，有数算不得。

都是个人，照这样看起来，岂不是同木石一样？所以大家要求点知识，写得几个字，认得几个字，算得几笔数，方才是便益的。

虽然如此，列位做工的人，又要劳动，又无人教授，如何能到这样，真是不易得的事。现今有个最好的法子，就是我们第一师范办了一个夜学。

这个夜学专为列位工人设的，从礼拜一起至礼拜五止，每夜上课两点钟，教的是写信、算账，都是列位自己时刻要用的。

讲义归我们发给，并不要钱。夜间上课又于列位工作并无妨碍。若是要来求学的，就赶快于一礼拜内到师范的号房报名。

列位大家想想，我们为什么要如此做？无非是念列位工人的苦楚，想列位个个写得算得。列位何不早来报个名，大家来听听讲。

有的说时势不好，恐怕犯了戒严的命令，此事我们可以担保，上学以后，每人发听讲牌一块，遇有军警查问，说是师范夜学学生就无妨了。若有为难之处，我们替你作保，此层只管放心的。快快来报名，莫再耽搁。

夜学的工作人员都说这招生广告写得好。

接着，把文稿送到了印局印刷，印好后，马上派人去分发、张贴。

但是广告发出之后，没有达到预期效果，来报名的只有九个人。

这个结果让大家感到诧异。毛泽东召集同学们分析原因：

第一，工人夜学不收钱，请工人来读书，大家不相信有天上掉馅饼这等好事；

第二，仅仅把广告贴在墙上，不会引起人们的注意，尤其是目不识丁的人，更不会去看广告；

第三，请警察分发广告也不妥，警察代表官厅，人们望而生畏，反

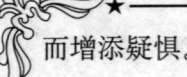

而增添疑惧。

总之，不是工人不愿上学，而是对夜学还不了解，原因找到之后，毛泽东就和同学们分头行动，深入到工人宿舍和贫民住宅区的棚户中去，边分发广告边做宣传，多做解释工作。

这是毛泽东第一次和工人接触。因为他有诚意，讲的又是农家话，所以工人们很快就和他打成一片了。工人们对夜学的性质和办学目的有了初步的了解，当场就有好几个人报名。

随后的三天，报名的工人达到一百八十余人。毛泽东形容工人们迫切入学的心情为"如嗷嗷待哺也"。

学监方维夏听到有这么多工人报名，高兴得不得了。他夸奖毛泽东说：

"润之，你的工作做得好！开学的时候，我一定要来亲自讲几句话。"

1917年11月9日，工人夜学举行开学典礼。方维夏致了祝词，毛泽东把《上课说明书》给工人们讲解了一遍，工人们听得津津有味。

当毛泽东讲到第六条："每次上课衣服听便，不必求好"时，工人们都开心地笑了。

毛泽东就是这样时时事事体贴着工人，替他们考虑得非常周到。

开学典礼之后，毛泽东和张昆弟把心思都扑在了夜学上，除了听课，还要抓紧时间读书，为夜学备课，每天都过得非常充实。

不久，长沙的局势又变得紧张起来，给工人夜学带来一些不利的影响。但是，只要不戒严，工人们还是来得很齐，大家都生怕缺了课。

有一天，下着很大的雨，方维夏也到夜学来了。他发现，虽然下着大雨，但工人们没有一个缺席的。值班管理员张昆弟把煤油吊灯的玻璃罩擦得通明锃亮，使教室里光明一片。

方维夏被墙壁上挂着的一个方格本子吸引住了，本子的封面写了《夜学日志》四个字。他于是拿下来翻阅，只见里面都是工整的毛笔字，前面的十几页是毛泽东填写的，有这样几段记载：

十一月十四日，实现三日矣，觉国文太多、太深。太多，宜减其分量；太深，宜改用通俗语（介乎白话与文言之间）。常识分量亦嫌太多（指文字），宜少用文字。其讲义，宜用白话，简单几句标明。初，不发给，单用精神演讲；将终，取讲义略读一遍足矣。本日历史，即改用此法，觉活泼得多。

购来参考书十二种，其目如下：
《珠玑幼学》《指明算法》《便用杂字》……

教室洋油灯四盏，有两盏不明，灯在四角，中间颇暗，应添一盏。

十一月十六日晚，张超给甲班上物理常识课，因发言过深，联系实际不够，故年幼者尚觉翘着倾听，年长者率多奄奄垂头，苦不耐坐。毛泽东见此情况，课后对大家说：物理一科，极有趣味，方才所讲，不过发端。将来电灯之所以能明，轮船、火车之所以能速，共理必皆告汝等知之。

方维夏看着这本《夜学日志》记录的内容，心中有一种强烈的感情在涌动。他感到：如果师范师生都能像毛泽东这样致力于平民教育，中国的文盲就有希望被扫除干净……

开除校长

毛泽东从少年时代就已经具有了反抗精神。他始终记得韶山冲老乡们的一句话：逢恶莫怕，逢善莫欺。

随着学识的丰富和年龄的增长，毛泽东的性格变得更为深沉而内向了。他给大家的印象是沉着、冷静、谦和；但内心中却正直、勇敢、坚定。对于那些不可容忍的事情，他从来不妥协、迁就，更是不畏强暴，敢做敢当。

国文教师袁仲谦是清朝的举人，同学们都称他为袁大胡子。袁的思想守旧，对学生要求非常严格。

他对毛泽东的作文非常赏识，但对毛泽东喜欢的"康梁体"很不满意。他要求毛泽东多读些韩愈的文章。毛泽东没有辜负他的一番好意，从书店买来了一套《韩昌黎全集》来学习。

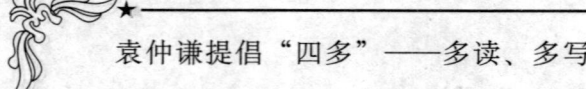

袁仲谦提倡"四多"——多读、多写、多想、多问，毛泽东很赞同。但是对他的封建思想和专制作风他就从不妥协。

有一次，袁仲谦在教室监督作文。毛泽东写完之后，在下面加了一句："×年×月×日第一次作文"。袁仲谦看了很不赞成，命令他重抄一遍。两次催问，毛泽东都没有理会。

袁仲谦气得把这一页给撕了。毛泽东站起质问，并要到校长那里去讲理。袁仲谦无言以对，弄得无可奈何。

还有一次，袁仲谦因为一位工友做错了事，就不停大骂。毛泽东深为不平，大声说道：

"哪里这样恶，要这样骂人！"袁仲谦一看是毛泽东，不好把他怎么样，只好住口停骂了。

毛泽东的性格就是这样：好的赞成，不好的则反对，爱憎分明。

当时，第一师范还发生了另外一件大事，就是驱逐校长张干。

1915年春，第一师范校长张干协同省议会颁布了一个新的规定，秋季始业，每个学生要交纳十块钱的学杂费。

对于这些大都来自贫困家庭的师范学生来说，这是个不小的数目。于是同学们群起反对，酝酿着一场"驱张运动"，逼张干下台。

当时有人起草了一篇谈张干品德恶劣的宣言，毛泽东认为这样人身攻击没有击中要害。

于是，毛泽东重新写了一篇历数张干办学无方、贻误青年的文章，

得到大家的赞同之后，派人到印刷局连夜赶印。

不久，张干发现了同学手中的传单，大为恼火，要开除以毛泽东为首的十七名学生。这时，杨昌济、方维夏、徐特立、王季范等许多老师为此召开了全校教职员会议，为学生们打抱不平，对张干施加压力。

张干无奈只好收回成命。但毛泽东和同学们仍继续罢课，提出"张干一日不离校，学生一日不复课。"

张干终于被迫离开学校，临走时，张干垂头丧气地说：这是什么世界！过去只有校长开除学生，如今学生却可以开除校长了。

胆识过人

1917年11月的一天，一队从护法战争中败退下来的北洋军，退到长沙附近，长沙面临一场被洗劫的灾难。

这股三千多人的败军退到离第一师范有两里多远的猴子石附近，因不知长沙城里的虚实，不敢继续前进，停留在那里休整，并到附近农家抢吃的东西。

这消息传来，全校为之紧张而慌乱不安。

为了保护学校，防止军队骚扰，学校已成立了"学生课外志愿军"，但没有武器，如何抵挡真枪实弹的正规军？

学校当局主张立即疏散学生，分头暂避。

毛泽东主张退敌，认为这股败军抢不到学生，也会毁坏学校，而且别的地方也肯定会遭殃。

他和学校当局说了自己退敌计划，得到批准，便立即行动。

他亲自组织学生志愿军中两百多人，拿着平日操练用的木枪，潜伏在校后妙高峰上。

又联络附近的警察分所，派一部分执真枪的警兵，伏在志愿军的前面。

等到溃兵乘着苍茫暮色，沿着妙高峰下的粤汉铁路向北移动时，毛泽东见他们已进入志愿军潜伏地不远，立即让警兵在山头鸣枪，让志愿军放鞭炮以充枪声，并放声大喊：

"傅良佐走了，桂军已经进城，缴枪不杀！"

溃军认为中了埋伏，惊慌失措，不敢抵抗，真的全部缴了枪。

毛泽东组织全校学生把缴获的枪支弹药抬进学校。

当晚溃军露宿学校操坪，次日由商会发款全部遣走。

事后有的同学问毛泽东说：

"万一当时败军开枪还击，岂不危险？"

毛泽东说：

"败军已成惊弓之鸟。他们若想劫城，早就进攻了。不敢通过长沙城北归，说明他们疲惫胆虚。我们设伏一呼，他们虚实莫辨，焉能不降？"

这件事震动全校，师生无不折服毛泽东的才略和胆识。

此前，在夏天时，一师举办一次"人物互选"活动。

"人物互选"的条件包括德、智、体三个方面。

德育方面的内容有：敦品、自治、好学、克己、俭朴、服务等项目；

智育方面的内容有：才具、语言、文学、科学、美育等项目；

体育方面的内容有：胆识、卫生、体操、竞技等项目。

选举办法是：各班同学在本班教室举行，列举项目必须名实相符。

全校十一个班，四百多人投票，当选者三十四人，其中毛泽东是全校得票最多的。在德、智、体三个方面都有项目的得票者，只有他一人。

而"胆识"一项，则为他所独有，评语是"冒险进取，警备非常。"

这是退敌之前，自退敌之后，人们更对毛泽东的胆识信服。

同学们拥戴他，选举他当学友会的总务（会长由校长挂名，总务是做实际工作的负责人），兼教育研究部部长。

毛泽东常对人说：丈夫要为天下奇，即读奇书，交奇友，创奇事，做个奇男子。

同学们还给他起了个绰号叫"毛奇"。

毛奇是普鲁士帝国和后来德意志帝国总参谋长。在1870年的色当战役中，毛奇元帅曾一举使法国覆灭，因而名震欧洲。

成立新民学会

由于毛泽东在学校很有名望，在他周围逐渐聚集起一批追求进步、志同道合的青年。其中大多数是一师学友，也有已毕业的，还有看见毛泽东张贴的《征友启事》赶来与他结识的。

毛泽东牢记恩师杨昌济的话，一个人要想成就大事，就得吃得苦，打基础，靠群体。

1917年冬天，毛泽东、蔡和森、萧子升开始商量组织一个团体，并得到其他人的响应。

要成立团体，首先得有章程。

1918年3月，毛泽东和邹鼎丞开始起草会章。经萧子升提议团体名叫"新民学会"。

1918年4月14日，是个星期天。

新民学会在岳麓山脚下的刘家台子蔡和森家里正式成立。

到会的有十三人：

萧子升、萧子暲、何叔衡、陈赞周、毛泽东、邹鼎丞、张昆弟、蔡和森、邹蕴真、陈书农、周明谛、叶兆祯、罗章龙。

请假未到会的有八人：

李维汉、陈昌、熊光楚、曾以鲁、周世钊、傅昌钰、罗学瓒、彭道良。

会上经过讨论，通过了会章，确定新民学会的宗旨是："革新学术，砥砺品行，改良人心风俗。"

会章还规定了五条纪律：

一、不虚伪；二、不懒惰；三、不浪费；四、不赌博；五、不

新民学会旧址

狎妓。

会上选举萧子升为总干事,毛泽东、陈书农为干事。

后来,萧子升去法国,会务便由毛泽东主持。

新民学会是五四时期最早的新型团体之一。

三个月后,毛泽东和蔡和森就突破了最初的会章宗旨,不满足只研究学术和注重教育,开始关心政治,探求中国的出路。

1918年夏天,毛泽东从湖南省立第一师范学校毕业了。这年他二十五岁。

1918年8月15日,毛泽东、萧子升、张昆弟、李维汉、罗章龙等二十四名青年,坐火车离开长沙,奔赴北京。

这是他们第一次走出湖南。

毛泽东去北京干什么呢?

初次进京

毛泽东为何要在这个时候到北京去呢？

简单地说，是为了组织赴法勤工俭学的事情。

因为第一次世界大战，法国死了不少人，就到中国招募华工，蔡元培、吴玉章等人趁机倡导青年到法国半工半读，勤于工作，俭以求学，并成立了"华法教育会"。

正在毛泽东等人毕业后，面临择业时，他们收到了杨昌济从北京写来的信，建议他们组织有志青年赴法勤工俭学。

杨昌济是1918年5月受北京大学校长蔡元培之聘请，到北京大学担任伦理学教授的。

此外，他也深为湖南局势的恶化而忧愤难留。

原来，孙中山发动的用这个军阀对付那个军阀的护法战争以失败而告终。

桂系军阀谭浩明从湖南打跑了傅良佐,屁股还没坐热,又被段祺瑞手下大将张敬尧等人打跑,张敬尧当了湖南督军。

这个张敬尧比以前湖南的几个霸主更坏,使三湘民众陷入水深火热的苦难中。

在这军阀割据、混战不断的乱世,有志之士出国求发展,探寻真理,不失为是明智的选择。

在毛泽东等人接到杨昌济的信后,一面让蔡和森先行去北京安排一些事宜,一面联系发动新民学会会员前往北京准备赴法留学。

所以,毛泽东等人前往北京时,已是8月中旬了。

8月19日,毛泽东一行来到北京。

到北京后,因为蔡和森去蠡县安排赴法留学的事了,也没来接站。他们就分开住进湖南会馆、长沙、湘潭、浏阳等会馆。

毛泽东住的是湘乡会馆。

第二天,毛泽东到鼓楼东大街豆腐池胡同看望杨昌济一家人。

这是一个比较齐整的小四合院。给毛泽东开门的是杨昌济的女儿杨开慧,小名叫霞姑。

"知道你这几天要来,爸爸每天都念叨你。"杨开慧笑着对毛泽东说。

她已经十七岁了,和几年前比,已经出落成一个大姑娘了。

毛泽东见到杨昌济，两人开怀畅谈，杨开慧和母亲就忙着准备午餐。

当恩师问及湖南情况时，毛泽东叹了口气，说：

"乱得很。一师已经驻进了兵，那些丘八先生把图书当柴火，把仪器当玩具，到处拉屎撒尿，闹得乌烟瘴气。"

杨昌济说：

"北京倒还可以做点事。我急于催你前来，希望你要么到法国去，要么投考北大。当然，也许你有自己的选择。"

毛泽东说：

"我就目前的情况，首先是安排好这些赴法留学生，不能让和森自己跑。"

"也好。"杨昌济点了点头，"先办好别人的事，再办自己的事。"

实则，毛泽东没有明说，他知道不管去法国留学，还是读北大，都得花不少钱。而现在他再也不想增加家里负担，伸手朝父亲要钱了。

很快，蔡和森回到北京。他和毛泽东、萧子升到处奔波，办理赴法的准备工作。

这时，湖南陆续到京准备赴法的青年已达五十多人，是全国来的人数最多的省份。

毛泽东他们原先发起这个活动时，并没料到有这么多困难，可他们

并未灰心。

几经联系,湖南青年都进入了华法教育会开办的留法预备班,学习法语和实际工作技术。

从招收学生,到组织预备班,以及多方协调,毛泽东可以说出力甚多。朋友们分别到各预备班学习了,毛泽东才算松了一口气。

他不想考大学,也不想赴法,在北京总得找个落脚之处,以挣钱糊口。

经杨昌济介绍,毛泽东认识了当时任北大图书馆主任的李大钊。

10月,李大钊安排毛泽东到图书馆当了一名助理员。每天除打扫卫生外,还在第二阅览室登记新到的报刊及前来阅览者的姓名,并管理十五种中外报纸。

他的月薪是八元。

毛泽东很满意这个工作,至少可以阅读各种新书刊,还有机会结识学者和有志青年。

第一个愿望很容易实现,但第二愿望却不容易实现。

他的助理员职位和勤杂工差不多,别人根本瞧不起

李大钊

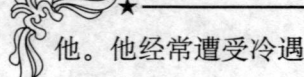

他。他经常遭受冷遇。

有一次,他在旁听时,大胆向讲课的胡适提了个问题。

当胡适得知他是个没有注册的旁听生时,傲慢地拒绝与他交谈。

后来,毛泽东回忆说:

"我职位低微,无人理我。

"我的一项任务就是登记来读报的人的姓名,但对他们大部分人来说,我这个大活人是不存在的。

"从这些来阅读的人中,我认出了启蒙运动的著名领袖的名字,如傅斯年、罗家伦等,我对他们怀着浓厚的兴趣。

"我试图与他们就政治和文化的问题开始交谈,但他们都是大忙人,无暇去听一个图书馆助理员的南方话。"

但他并没有自卑,更没有因别人的冷遇而灰心丧气。

毛泽东开始住在湘乡会馆,后来和留在北京读留法预备班的朋友租了一间小屋。

屋子小,炕也不大,挤了八个大小伙子,棉被摊不开,只好八个人扯着盖,挤得连气都喘不过来,想翻个身得先和身旁的人打招呼。

名则是火炕却不烧火,石板和砖砌的炕面冰冰凉。室内没有暖气,有个小炉子是专供热饭烧水的。

北京的冬天奇冷。

他们八个人只有一件大衣,谁出门就轮流穿。

到年底,有的同学又买了两件大衣,可毛泽东一直也没能为自己买一件大衣。

杨开慧看毛泽东实在艰苦,把他硬拉到自己家,好歹让他在她家吃住了。

毛泽东并不在意吃穿,只要有书读,似乎就很满足。

1917年11月,毛泽东还在湖南时,俄国就爆发了列宁领导的十月社会主义革命,可当时中国的报纸只发表了简短的消息,也没引起毛泽东的注意。

这次,毛泽东在图书馆,读到了《新青年》上李大钊的重要文章《庶民的胜利》和《布尔什维克主义的胜利》,让他心胸大开,眼前顿现一个新的世界。

此前,他对19世纪的民主主义、托尔斯泰主义、乌托邦主义、旧式的自由主义、无政府主义等都进行过探寻。可是,当他看见李大钊歌颂的俄十月革命的胜利和宣传的马克思列宁主义后,一下子认定这才是自己一直苦苦追寻的真理。

这是他初次北京之行的最大收获。

另外,他还收获了爱情。

大潮的洗礼

对于毛泽东积极组织和倡导的赴法留学，他本人却不去，有许多人不解。

毛泽东解释有四方面原因：

一是他没钱，也借不到钱；

二是他英语不过关，恐怕法语也学不好；

三是他想留在北京继续求学，并为新民学会招收新会员，也可以充当北京和法国之间的联系人。

四是他认为自己年龄太大了，应该实实在在做些事，不应在学问方面再花费大的精力。

后来，他又解释：

"我并不想去欧洲。我觉得我对自己的国家还了解得不够，我把时

间花在中国会更有益处。"

而他的老师徐特立（也去了法国）是这样解释的：

毛具体研究了辛亥革命的失败，得出结论，认为失败的原因在于中国知识分子脱离了广大人民群众。知识领袖要取得任何革命的胜利都必须密切联系这个国家的公民。

所以，当毛泽东在北京找到并接受了马克思主义之后，他坐不住了，他决定辞职，立即返回湖南，投身社会斗争中去。

1919年3月14日，毛泽东到了上海。

在上海，他送别了赴法留学的蔡和森、萧子升等第一批湖南青年。

4月6日，毛泽东回到长沙。

他住在修业小学，他在一师的同班同学周世钊在这里当教员。

经周世钊推荐，毛泽东被校方聘请为历史教员。

他每周要上六节课。工资除了吃饭，几乎没有剩余。

他住在学校的宿舍里，行李很简单，一顶旧蚊帐，几本做枕头的书，几件旧的换洗衣服。他常穿的是一件洗得不蓝不白的竹布长衫。

对教师生活，他写文章发过牢骚：

诸君！我们是小学教师。

我们整天的教课，忙得真很！整天的吃粉笔屑，没处可以游散舒吐。

这么一个大城里的小学教师，总不下几千几百，却没有专为我们而设的娱乐场。

我们教课，要随时长进学问，却没有一个为我们而设的研究机关。

死板板的上课钟点，那么多，并没有余时，没有余力——精神来不及——去研究学问。

于是乎我们变成了留声器，整天演唱的不外昔日先生们教给我们的真传讲义。

我们肚子是饿的。

月薪十元八元，还要折扣。

有些校长先生，要仿照"克减军粮"的办法，将政府发下的钱，装到他们的腰包去了。

好在毛泽东把教学只当做临时的占手营生，未看作终身职业。

他这时可能已经意识到，他应该投身革命。

他大展身手的机会终于来了。

1919年4月30日，在第一次世界大战之后，战胜国在巴黎召开分赃会议，中国本来是战胜国，可会议却把德国在中国山东攫取的权益全部转交

毛泽东（右一）、毛泽民（右三）、毛泽覃1919年同母亲在长沙合影。

给了日本。

消息传回国内，举国震惊，无不愤怒。

5月4日，北京学生率先发动大规模的游行示威活动。

这就是著名的五四运动。

北京学生的抗议活动很快得到全国的响应，风起云涌，一浪高过一浪。

由于对巴黎那个分赃会毛泽东一直关注，他回到长沙后还和何叔衡交换过意见，并且与一些新民学会的会员分析了形势，等五四运动爆发时，可以说毛泽东是有思想准备的。

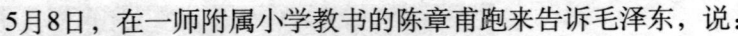

5月8日，在一师附属小学教书的陈章甫跑来告诉毛泽东，说：

"北京学生的大示威游行，5月4日已经爆发了。北京电讯早就传到长沙了，可张敬尧下令一律扣发，不准登报，还扣压了所有外地报纸。我是从电信局一个朋友那里知道的，他还把电讯抄录出来，送给了我。"

毛泽东双手一拍，激动地说：

"好极了！我们把电讯用油印机赶印出来，立即分发长沙各个大小报馆！"

说干就干，他们立即进行赶印。

5月9日，长沙各报都在头版醒目地刊登了北京学生的爱国运动。

古城长沙因之沸腾了。

5月21日，邓中夏和另一个同学从北京来到了长沙。

毛泽东见到邓中夏，觉得分外亲切。

邓中夏是北京大学的学生，与李大钊很亲近，他在毛泽东在北大图书馆当助理员时，结识毛泽东，并成为好朋友。

邓中夏告诉毛泽东，李大钊是五四运动的主要领导人之一，可杨昌济先生因身体不大好，准备去西山卧佛寺休养，未能直接参加斗争。

毛泽东知道杨开慧是怕他挂念，所以，几次来信都没谈到父亲的健康状况。

5月25日，在毛泽东的召集下，张国基、易礼容、彭璜等二十多名各校学生代表来到楚怡小学，听取邓中夏通报北京学运情况。会议最后决定：成立新的湖南学生联合会，发动学生总罢课。

5月28日，湖南学生联合会正式成立。

6月3日，在学联的组织下，长沙二十多所学校学生统一罢课。

他们将要求北京政府拒绝巴黎和约、废除一切不平等条约等内容的《罢课宣言》，送递给张敬尧。

学生联合会的会址离毛泽东住的修业小学很近，正好便于毛泽东就近指导。

经学生们的呼吁、宣传，广大工人和市民也配合学生们游行示威活动，帮学生们贴标语，撒传单。

由于全国各地的抗议风潮汹涌激烈，北洋政府为了缓和全国人民愤怒情绪，在6月10日宣布撤掉曹汝霖、陆宗舆、章宗祥三个卖国贼的一切职务，6月28日，被迫拒绝在《巴黎和约》上签字。

轰轰烈烈的五四运动终于以胜利而告终。

毛泽东作为湖南五四运动的主要组织者和领导者，已初露锋芒。

长文祭母

在五四运动中,毛泽东深深感到社会舆论的重要性,于是,他向学联的负责人彭璜建议,让学联创办一种宣传革命思想的刊物。

彭璜等学联负责人完全同意,并请毛泽东担任主编。

毛泽东欣然答应学联的委托,经过十多天的紧张准备,1919年7月14日,《湘江评论》创刊号正式出版了。

《湘江评论》每周一期,四开一张,约一万两千字。全用白话文。

毛泽东身兼主要撰稿人、自己编辑、自己排版,自己校对,有时自己也到街上叫卖。

要知道当时正值酷暑时节,不要说热得挥汗如雨,还有蚊虫叮咬。

一次毛泽东又熬个通宵,早晨刚睡熟,商专学生易礼容来找他,一掀蚊帐,惊动了一群臭虫,各个饱餐过,显得肚皮鼓满。

《湘江评论》共出五期就被查禁了，毛泽东苦忙了一个多月，写了四十篇文章。

在这些文章中最重要的是长篇论文《民众的大联合》。

李大钊认为《湘江评论》是当时全国有分量、见解深的刊物。

主编《每周评论》的、曾经不屑与毛泽东交谈的胡适写道：

"武人统治之下，能产生我们这样一个好兄弟，真是我们意外的欢喜！"

《湘江评论》

他还评价说：

"《湘江评论》的长处是在议论的一方面。第二、三、四期的《民众的大联合》一篇大文章，眼光很远大，议论也很痛快，确是现今的重要文字。"

《湘江评论》终遭张敬尧查封了。

在北洋军阀统治湖南时期，张敬尧是最凶恶、最残忍、最毒辣的一

个霸主。

人们愤恨地叫他"张毒"。

与查禁《湘江评论》同时，8月中旬，张敬尧又强迫解散了学联。

毛泽东没有屈服，他开始考虑进行一场驱张运动。

9月中旬，毛泽东在商专召集原学联干部开会，商讨驱张问题。他提出北洋军阀内部直系、皖系内讧是驱张的好机会，湖南学生要做驱张的主力，尽可能策动教师和新闻界人士支援。他明确地把驱张运动视为爱国运动的继续和深入。

就在这时候，毛泽东承受了一次巨大打击。

10月5日，他母亲文七妹不幸病逝，终年五十三岁。

毛泽东接到母亲病危的特急家信，急忙领着跟在他身边读书的小弟毛泽覃赶回韶山。

可是，他们回来时，母亲已经入棺两天了。

二弟毛泽民流着泪告诉他们，母亲临终时，还呼喊着他们的名字。

毛泽东真是心如刀剜，不由泪如雨下。

他一直守在灵前，对着孤灯，慈爱的母亲那音容笑貌仿佛就在眼前，可天上人间，已成永诀。

于是，他席地而坐，写下了悲怆已极的《祭母文》：

呜呼吾母，遽然而死。

寿五十三，生有七子。

七子余三，即东民覃。

其他不育，二女二男。

育我兄弟，艰辛备历。

摧折作磨，因此遘疾。

中间万万，皆伤心史。

不忍卒书，待徐温吐。

今则欲言，只有两端。

一则盛德，一则恨悔。

吾母高风，首推博爱。

远近亲疏，一皆覆载。

恺恻慈祥，感动庶汇。

爱力所致，原本真诚。

不作诳言，不存欺心。

整饬成性，一丝不诡。

手泽所经，皆有条理。

头脑精密，擘理分清。

事无遗算，物无遁形。

洁净之风，传遍戚里。

不染一尘，身心表里。

五德荦荦，乃其大端。

合其人格，如在上焉。

恨悔所在，三纲之末。

有志未伸，有求不获。

精神痛苦，以此为卓。

天乎人欤，倾地一角。

次则儿辈，育之成行。

如果未熟，介在青黄。

病时揽手，伤心结肠。

但呼儿辈，各务为良。

又次所怀，好亲至爱。

或属素恩，或多劳瘁。

大小亲疏，均待报赉。

总兹所述，感德所辉。

必秉悃忱，则效不违。

至于所恨，必补遗缺。

念兹在兹，此心不越。

养育深恩，春晖朝霭。

报之何时，精禽大海。

呜呼吾母，母终未死。

躯壳虽隳,灵则万古。

有生一日,皆报恩时。

有生一日,皆伴亲时。

今也言长,时则苦短。

唯挈大端,置其粗浅。

此时家奠,尽此一觞。

后有言陈,与日俱长。

尚飨。

随后又写了一副挽联和一副门联:

挽联是:

疾革尚呼儿,无限关怀,万端遗恨终须补!

长生新学佛,不能住世,一掬慈容何处寻?

门联是:

春风南岸留晖远

秋雨韶山洒泪多

安葬了母亲,毛泽东又带着小弟,匆忙返回长沙。

驱张运动

11月16日,在毛泽东等人的奔走联系下,被解散的湖南省学联重新组建起来。

12月1日,重新恢复的学联联络各界代表在教育会坪,举行第二次焚毁日货示威大会,遭到张敬尧军队的大力镇压,打伤了几十个学生和教师。

这一事件更激怒了湖南人民。

12月6日,学联公开发表驱张宣言,长沙中等以上学校学生决定一致罢课。

驱张运动终于爆发了。

这是毛泽东独当一面发动起来的第一次有广泛社会影响的政治运动。

就在长沙各校总罢课的同一天，派出驱张代表团，分赴北京、衡阳、常德、郴州、广州、上海等处请愿联络。

12月18日，毛泽东率领驱张代表团到达北京，住在一个很冷清的喇嘛庙里。

到京后，经与各方协商，组成了"旅京湖南各界联合会"及"旅京湘人驱张各界委员会"。

毛泽东很注重新闻舆论的力量，又成立了平民通讯社，自任社长，起草发表大量驱张的稿件、呈文、通电、宣言，分送京、津、沪、汉各报发表。

代表团还在京先后进行过七次请愿活动。毛泽东作为请愿代表，义正词严地向北洋政府国务总理靳云鹏提出撤惩张敬尧的要求。

但是，徐世昌、段祺瑞、靳云鹏这些北洋政府的首脑，都采取拖延战术，拒不解决任何问题。

请愿变成了旷日持久的活动。

毛泽东"忙里偷闲"读了不少书，其中包括宣传共产主义的新书《共产党宣言》《阶级斗争》《社会主义史》。

他还和在京补习法语的新民学会的几个会员见了面，了解了留法的情况。

毛泽东的名字频频出现在报上各种驱张通电和新闻里。他的社会活动能力和政治才干越来越引人注意。

日益病重的杨昌济特意致信当时任广州军政府秘书长、南北议和代表章士钊，推荐毛泽东和蔡和森，说：

"吾郑重语君，二子海内人才，前程远大，君不言救国则已，救国必先重二子。"

只可惜，杨昌济写此信不久，于1920年1月17日就因病去世了。

毛泽东曾多次到医院探护恩师。恩师病逝后，他到西山法源寺与杨开智、杨开慧兄妹一起守灵，并发起募捐，抚恤遗属，操办后事。

1月22日，毛泽东又同蔡元培、章士钊、杨度等联名在《北京大学日刊》发出《启事》，公布杨昌济病逝的消息，介绍杨的生平。

1月25日，在法源寺举行杨昌济的隆重的追悼会。

毛泽东原来打算在2月初护送杨师母和开智、开慧兄妹，一同扶柩南下，把恩师安葬在长沙板仓祖茔。

正准备起程时，毛泽东突然又接到二弟毛泽民的来信，说是父亲毛顺生也在1月23日因病去世了。

又一个沉重打击！

父亲只有五十岁，勤劳而精明的他，竟这么早就撒手西去了！

毛泽东十分悲痛，决定尽快离京返回湖南。

可是，就在这时候，邓中夏来找他，转告李大钊的意见，说陈独秀从上海来信，那边有不少朋友在研究俄国革命的经验，陈准备组织一些志同道合者，讨论共产主义的一些问题。

加上彭璜从上海来信，说在上海的驱张代表团工作有了新的进展，请毛泽东有必要亲往上海一趟。

又赶上一些新民学会的会员要从上海启程赴法，需要毛泽东前往送行。

是去上海？还是回湖南？

毛泽东有点为难了。

这时，杨开慧劝他速去上海，应该把国事放在私事的前面。

毛泽东听了杨开慧的话，决定按李大钊的意见，去一趟上海。

4月12日，毛泽东离开北京去上海。

中途，他登了泰山，游览了孔子故乡曲阜，参观了邹县孟子出生地，又游览了徐州和南京。

此番漫游排解了他心中因失去亲人的悲痛心情。

这时他的钱也花光了。

在天津，他向一个学生借了十元钱，买了一张到浦口的票，可是要再上火车，就没有买票的钱了。

更倒霉的是，小偷把他仅有的一双鞋子偷走了。

也是天无绝人之路，在浦口他遇上了湖南老乡李中，借到一笔钱，买了新鞋，剩下的又买了一张去上海的车票。

5月5日，毛泽东到了上海，先找到彭璜和代表团的朋友。

5月8日，他召集在沪的留法新民学会会员开了一个会。会上，他提

出了"潜在切实,不务虚名"的口号。

5月11日,毛泽东去码头送别赴法的朋友们。

几天后,毛泽东去拜访陈独秀。

与陈独秀的谈话,给了毛泽东很大的启迪,他后来回忆说:

"我第二次到上海的时候,曾经和陈独秀讨论我读过的马克思主义书籍。陈独秀谈他自己信仰的那些话,在我一生中可能是关键性的一个时期,对我产生了深刻的印象。"

当时,陈独秀正在着手筹建共产主义小组,俄共与共产国际的代表都在上海,促进中国共产党的诞生。

因此,毛泽东与陈独秀的几次接触,当然会对湖南的革命运动产生极大的影响。

6月下旬的一天,毛泽东接到了何叔衡的一封信。

何叔衡告诉毛泽东:

张敬尧已经滚出了湖南!

毛泽东在报纸上已经知道了这个消息。前后持续一年的驱张运动终于取得了最后胜利。

自治运动

张敬尧滚出湖南并不是喊口号喊跑的。

驱张运动中,何叔衡和夏曦去衡阳联络直系军阀吴佩孚。吴佩孚与湘军将领谭延闿、赵恒惕早有默契,暗助湘军攻下了长沙,打跑了张敬尧。

湘军控制局势之后,谭延闿又自封为省长兼督军,原来的湘军第一师师长赵恒惕,担任了湘军总司令。

他们打出了"湘人治湘,实行民治"的旗号,以此笼络人心。

1920年7月7日,毛泽东经武汉回到长沙。

他应聘担任第一师范附属小学的主事(校长),不久,又被聘为第一师范的国文教员兼一个班的班主任。

回到长沙,毛泽东做的第一件大事是同易礼容等创办文化书社。

7月31日,湖南《大公报》发表了毛泽东起草的《文化书社缘起》,宣称:

"湖南人现在脑子饥荒实在过于肚子饥荒,青年人尤其嗷嗷待哺。"

他们租了长沙潮宗街湘雅医学专门学校的三间房子,作为文化书社的社址。

为了减少麻烦,毛泽东请刚刚就任湖南督军的谭延闿写了招牌。

毛泽东还以"特别交涉员"的身份,多方筹措资金,努力扩大营业范围,先后和省外近七十个单位发生业务往来。

文化书社经营的书刊,如《新俄之研究》《劳农政府与中国》《马克思资本论入门》《社会主义史》等译著,以及上海共产主义小组编辑的刊物《劳动界》,都体现了毛泽东追求的"新文化"的希望之光。

创办文化书社后,毛泽东又和方维夏、彭璜、何叔衡等筹组了湖南俄罗斯研究会。毛泽东被推为书记干事。

俄罗斯研究会还先后介绍了刘少奇、任弼时、萧劲光等十六名进步青年到上海学习俄语,然后赴俄国留学。

毛泽东在驱张运动后,发动的自治运动是他回到长沙后做的第二件大事。

针对湖南自治问题,从9月1日开始,毛泽东个人或联名,在长沙《大公报》和上海的报纸上连续发表十四篇文章,系统地提出实现湖南自治的具体主张。

谭延闿宣布湖南自治，有意把"湘人治湘"和"湘人自治"相混淆，对此，毛泽东提出，湖南人民要求的，不是"湘人治湘"，而是"湘人自治"。

因为"湘人治湘"是"把少数特殊人做治者；把一般平民做被治者；把治者做主人，把被治者做奴隶。"

他要求把"湖南自治"搞成发自下层的政治运动。他心目中的榜样是俄国，认为俄国的政治全是俄国的工人农民在那里办理。

湖人自治采取什么形式呢？

毛泽东设想了一个"湖南共和国"的方案。

他号召湖南带个头，率先建立"湖南共和国"。设想在这个国家里，废除军阀统治，建立以民为主的真政府。

毛泽东这种近乎惊世骇俗的构想是大胆的，也是空想的。

最简单的道理是，军阀不会向口号投降，呼声革命推翻不了反动的统治。

但湖南自治的舆论声势已成。毛泽东希望能进一步推动起一种实际的社会运动。

与此同时，谭延闿也担心呼声日高的自治运动发展下去，他会控制不住，就匆忙地在9月13日召开"自治会议"，决定由省政府和省议会各推举若干人充任"湖南自治会"的起草员，来草拟一部"省宪法"，然后召开制宪会议。

谭延闿官办自治的方案刚发表，毛泽东、彭璜和《大公报》主编龙兼公就动议搞一个民办自治的文件。

名为《由"湖南革命政府"召集"湖南人民宪法会议"制定"湖南宪法"以建设"新湖南"之建议》，于10月5日至6日在《大公报》上公开发表。

在这个文件上签名者达四百三十六人。

毛泽东为实施这个文件多方筹划奔走。

10月7日，为了准备自治运动游行请愿，毛泽东亲自起草了《请愿书》。

10月8日，他又出席省教育会召集的"第二次筹备自治运动之各界联系会议"，被推举为主席。会上详细讨论了宪法会议选举和组织法要点，首推方维夏等将讨论结果提交湖南省政府。

10月10日，长沙近两万群众冒着大雨上街游行。到达督军府门前时，彭璜等代表向谭延闿递交了《请愿书》，要求迅速召开人民制宪会议。

在省议会门前，出于对包办"制宪"的不满，还有人扯下了省议会的旗帜。

谭延闿接下了《请愿书》，却对所提各项要求在事后断然拒绝。

11月下旬，赵恒惕取代谭延闿当上了省长兼督军，撕下了开明的伪装，开始武力镇压自治运动。

他们知道毛泽东是这场运动的关键人物，就制造谣言，说是毛泽东扯下了省议会的旗帜，还想捣乱省议会。

警察厅随即把毛泽东召去审问。迫使毛泽东在《大公报》上登出《辩证函》，声明：

"无论何人，不得于我之身体及名誉有丝毫之侵犯。"

就这样，一场以和平请愿方式进行的自治运动，在军阀统治的高压下草草收场。

毛泽东为失败而痛苦，只觉心力交瘁。

他在11月25日，一天给五个新民学会会员分别写了信。

在给向警予的信中，他说：

"几个月来，已看透了。政治界暮气已深，腐败已甚，政治改良一途，可谓绝无希望。吾人唯有不理一切，另辟道路，另造环境一法。"

自由的结合

就在这年（1920年）冬天寒假时，毛泽东和杨开慧结婚了。

杨开慧是2月底回到的湖南。在板仓祖茔安葬了父亲之后，她告别母亲，随同兄长杨开智到了长沙。

杨开智转赴北京农业专门学校继续求学。

杨开慧由父亲好友李肖聃先生推荐，到天主教开办的长沙福湘女子中学去读书，并与李肖聃的女儿、也在这里读书的李淑一结成好友。

那时，毛泽东还未回长沙，经常与杨开慧通信。

有一封信里，毛泽东填了一首词：

堆来枕上愁何状？

江海翻波浪。

夜长天色总难明,

无奈披衣起坐薄寒中。

晓来百念皆灰烬,

倦极身无凭。

一钩残月向西流,

对此不抛眼泪也无由。

　　杨开慧还把这首词给好友李淑一看了。

　　按杨开慧的提议:既然是自由的结合,就应该打破一切古礼古法。

　　他们结婚那天,除了二弟毛泽民夫妇外,他们没告诉别人。杨开慧只把简单的行李,搬到了毛泽东任校长的第一师范附小的教师宿舍。

　　过了几天,他们把朋友们请来,向大家宣布他们结婚的消息,并从饭馆叫了一桌六块钱的菜,招待大家。

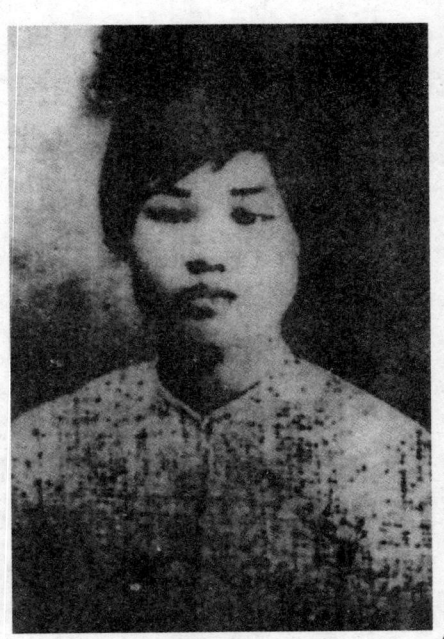

杨开慧像

席间,友人陈昌即兴朗诵赞词:

杨师爱徒,

师之爱女。

切磋琢磨,

亲密相处。

北海定情,

西窗共许。

志同道合,

共造寰宇。

何去何从

1921年1月1日,长沙城大雪纷飞。

在文化书社里召开新年会议,出席会议的有十多个新民学会的会员。

为什么要召开这个新年会议呢?

因为在1920年7月5日至10日,留法的新民学会会员十五人,集中到法国巴黎附近的蒙达尔尼开会,会上分成了极端相反的两派,争论得十分激烈。

以蔡和森为首的一派,主张立即组织共产党,走俄国道路。而以萧子升为首的一派,主张"温和的革命"。

会后,两派分别给毛泽东写信,请他发表意见。

当时,毛泽东给蔡和森写信,表示赞同蔡和森的主张,走俄国人的

道路。

而这次新年会议,就是要讨论到底走什么道路。

与会的十八人,在讨论之后进行表决,赞成列宁主义的有毛泽东等十二人,赞成温和方法的有一人,赞成资产阶级民主的两人,未表态的三人。

会后,毛泽东把这件事情告诉了杨开慧,表明自己决定走革命道路。

杨开慧也完全支持毛泽东的工作,后来她写下这样一段话:

"从此我有一个新意识,我觉得我为母亲而生之外,是为他而生的。我想象着:假如一天他死去了,我的母亲也不在了,我一定要跟着他死!假如他被人捉着去杀,我一定同他去共一个命运!"

这年春节,毛泽东领着小弟毛泽覃回到了韶山。

他们回来时,正赶上十五岁的菊妹子哭着跑到他家,提出她要退婚。

毛泽东一问才知道,菊妹子爹娘死得早,她亲姑妈把她嫁到肖家,丈夫还不到九岁。

菊妹子是毛泽东堂叔毛蔚生的女儿,九岁那年过继给毛顺生做女儿。

见菊妹子提出退婚,毛泽东很支持,告诉毛泽民:"收了人家多少财礼,也如数退还人家,让菊妹子跟我去长沙,同泽覃一起上学。"

毛泽民告诉哥哥说:

"家里起了一次火,修屋用了不少钱。安葬两位老人也花了些钱。

前些时候又遭败兵勒索和土匪抢劫。家里几乎没多少剩余了。"

毛泽东说：

"国难当头，民不聊生，我和开慧已决心投身革命事业。泽覃、菊妹子也跟我去长沙。我看，你们也不宜留在韶山，恐怕日后我要连累到你们啊。"

毛泽民为难地说：

"我们也可以去长沙，可这大片家业……"

毛泽东说：

"这有什么难嘛！家里的房子可以借给穷苦的族人去住，田地可以给人家种。我们欠人家的卖了稻谷和猪，全部还清；别人欠我们的，能收回的就带去长沙用，收不回的就算了。那几头牛，还是让别人牵去喂，要春耕了，人家用得着。剩下的谷子，分给上下屋场的人吃。"

一切安排妥当，毛泽东先带泽覃和菊妹子回了长沙。

毛泽民退了菊妹子的婚事，又照哥哥吩咐的处理完家事，然后与妻子王淑兰一同离开韶山，也来到长沙。

在长沙，毛泽民在第一师范附属小学担任庶务，毛泽覃还在一师附小读书，菊妹子进了建本女子职业学校。毛泽东给她取了一个学名，叫毛泽建。

就这样，毛泽东全家离开了韶山冲，后来都走上了革命道路。

工人运动

1921年6月29日,毛泽东和何叔衡悄悄离开长沙,乘小火轮前往上海。

他们到上海是参加中国共产党第一次代表大会。

因为在1920年11月,他们在长沙已经创建共产主义小组。

参加这次代表大会的有国内外七个共产主义小组派出的十三位代表。

他们是:上海的李达、李汉俊;北京的张国焘、刘仁静;长沙的毛泽东、何叔衡;武汉的董必武、陈潭秋;济南的王尽美、邓恩铭;广州的陈公博;日本的周佛海;陈独秀的特派代表包惠僧。还有共产国际代表马林、尼科尔斯基也参加了会议。

会址开始是在李汉俊的哥哥、同盟会元老李书城家里,位于贝勒路树德里三号。

7月23日正式开会。31日移到浙江嘉兴南湖的一条游船上继续进行。

会议正式确定党的名称为：

中国共产党。

会议通过了党纲，选举陈独秀、张国焘、李达组成中央局，陈独秀为书记。

关于党成立后的中心任务，会议确定要组织工会，领导工人运动。

8月中旬，毛泽东回到长沙。

回来不久，他觉得党需要有一个加强理论学习和宣传的公开场所，就利用船山学社的社址和经费创办了一所湖南自修大学。

10月10日，湖南省的共产党支部成立，毛泽东任书记，成员有何叔

中国共产党第一次全国代表大会会址

衡、易礼容等。

支部租了小吴门外清水塘22号一处平房，作为秘密活动机关。随后，毛泽东和杨开慧也搬到清水塘居住。

湖南党支部成立后，为了发展党员和开展工人运动，毛泽东脱去长衫，换上粗布短褂，赤脚穿上草鞋，到工人聚集的地方，同工人交朋友。

经过他的奔走，在一些工厂和学校建立了党支部。

在安源煤矿，毛泽东亲自下到煤井，了解工人们的情况。在昏暗、窄小的煤井里，工人们的安全毫无保障，工人们靠手工挖煤运煤，赤裸着伤痕累累的身子。

毛泽东看到这样的情景心里十分难过。他关切地问其中一个工人："这身上的伤是怎么回事？

"工头嫌干活慢，打的。"

毛泽东听到这里非常气愤：

"那你们为什么不反抗，难道就这样任由他们欺负吗？"

一个工人苦笑道：

"我们哪斗得过他们？他们有钱有势力，我们却一无所有。"

面对这些没有斗争自觉性和团结意识的工人们，毛泽东想了一下，拿脚踢开了一块小石头，他说：

"大家看，路上的这块小石头，大老板一脚就能踢开，可是要把很多的小石头、沙子、石灰和成团，别说轻易踢开，就是想抱都抱不起来。"

毛泽东边说边做演示，工人们一想到老板狼狈不堪的样子，不由得笑了起来。

毛泽东继续道：

"所以，我们只要团结起来，就一定能够打倒他们。集体的力量是巨大的！"

工人们都若有所思地点了点头。

他两次到安源煤矿了解情况，并于1922年2月，成立了中共安源支部，由李立三任书记，是湖南党组织领导的最早的产业工人党支部。

毛泽民、杨开慧也是在这个时期入党的。

到1922年5月，湖南已有中共党员三十人。毛泽东和何叔衡在湖南党支部的基础上建立了中共湘区执行委员会，毛泽东任书记。

他还兼任社会主义青年团长沙执行委员会书记，领导湘区团组织建设工作。对于湖南工人运动，毛泽东首先从争取湖南劳工会入手。这个团体的负责人黄爱、庞人铨是无政府主义者，会员有七千多人。毛泽东指定专人同黄、庞二人联系，并多次约二人来到清水塘恳切交谈，商议改组劳工会。

黄、庞二人以前就受到过李大钊、陈独秀的影响，是五四运动和驱张运动中的激进分子。他们接受了毛泽东的建议，同意对劳工会进行改组。

经过改组的劳工会，在1921年12月25日，汇同学生、市民共一万多人，举行游行示威，反对美、英、日、法等国召开的"共同支配中国"的太平洋会议。

黄爱、庞人铨是这次游行的总指挥。

不幸的是，1922年1月16日，黄、庞二人就在组织长沙纺织工人罢工时被捕了。

1月17日，军阀刽子手赵恒惕下令杀了黄、庞二人。黄爱英勇不屈，被砍三刀后仍用力高喊："大牺牲！大成功！"

黄、庞二人遇难后，毛泽东立即联合长沙各界在船山学校两次召开追悼大会，发行纪念特刊。

随后，毛泽东赴上海，组织反赵运动。

一时间，全国各地掀起了追悼黄、庞，抗议赵恒惕摧残工人运动罪行的浪潮。

通过改组和指导湖南劳工会的活动，毛泽东初步获得了工人运动的经验。

从1922年下半年到1923年初，他先后领导发动了安源路矿、粤汉铁路、水口山铅锌矿和长沙泥木工人等一系列的大罢工，掀起了湖南工人运动的高潮。

最有影响的是安源工人大罢工，被毛泽东派去直接指导大罢工的刘少奇做出了很大贡献。

泥木工人大罢工时，毛泽东亲临现场指挥斗争，他吹一声口哨，工人们喊一句口号，连吹连喊，工人情绪越发高涨。罢工斗争二十天，最终取得完全胜利。

对于领导工人运动的毛泽东，赵恒惕又恨又怕，他对手下人说：

"湖南再有一个毛泽东，我就不能立足了。"

的确，经过两年工人运动的锻炼，毛泽东已经成长为一个老练的革命家了。

陈独秀充分肯定了毛泽东等人的成绩，说：

"只有湖南的同志可以说工作得很好。"

毛泽东的才干得到了陈独秀的赏识，1923年4月，他被调到中共中央工作。他的中共湘区执行委员会书记一职由中央派来的李维汉接任。

毛泽东离开湖南赴上海时，他的长子毛岸英刚刚半岁。

1923年6月12日至20日，中共三大在广州召开。

这次会议明确了国共合作的问题。

毛泽东在会上被选为中央执行委员、中央局委员并兼任中央局秘书。另四人为陈独秀、罗章龙、蔡和森、谭平山。

毛泽东第一次进入党中央领导核心，这时他三十岁。

9月，中央机关迁回上海办公。

中央委派毛泽东回湖南贯彻"三大"决议，指导湘区筹备国民党湖南地方组织。

毛泽东回到清水塘，见到妻子杨开慧，不久，次子毛岸青于11月降生了。

孩子刚降生，妻子正需要照顾时，毛泽东接到中央通知，要他立即赴上海。

他只在家逗留了三个月，临行前，他强抑感情，作《贺新郎》相慰：

挥手从兹去，

更那堪凄然相向，

苦情重诉。

眼角眉梢都似恨，

热泪欲零还住。

知误会前番书语。

过眼滔滔云共雾，

算人间知己吾与汝。

人有病，

天知否？

今朝霜重东门路，

照横塘半天残月，

凄清如许。

汽笛一声肠已断,

从此天涯孤旅。

凭割断愁丝恨缕。

要似昆仑崩绝壁,

又恰像台风扫寰宇,

重比翼,

和云翥。

农民运动

1924年1月20日，在孙中山主持下，国共两党的精英，同聚广州参加了国民党第一次全国代表大会。

毛泽东在会议期间被指定为章程审查委员之一。

会上，他被选为中央候补执行委员。

2月，他同蔡和森、罗章龙等返回上海的党中央机关。

6月初，杨开慧由母亲陪着带着两个年幼的孩儿岸英、岸青来到上海，一家在英租界找个小房住下。

国共合作一段时间后，毛泽东被任命为中央组织部部长，开始与国民党中的右派分子进行斗争。

在1925年9月，广州成立了国民政府，主席汪精卫因政府事繁多，不能兼任国民党中央宣传部长职。

于10月5日推荐毛泽东代理宣传部长。

12月，毛泽东发表了国共合作以来的第一篇最重要的文章——《中国社会各阶级的分析》。

1926年3月20日，蒋介石制造了"中山舰事件"，明目张胆开始反共。

1924年毛泽东在上海

毛泽东对此的态度是坚决反击，一步不让。

他的主张得到周恩来、李富春等人的支持。

但是，陈独秀却主张忍让。

不到两月，蒋介石又抛出了一个"整理党务案"，变本加厉迫害共产党。

在中共中央讨论是否接受此案时，毛泽东拒绝签字，表决时他也没举手。

他清楚地意识到，对蒋介石退却忍让绝不会有好结果。

根据"整理党务案"，毛泽东不再担任国民党中央宣传部代理部长一职。

他的目光又一次投向了农民运动。

曾经在中共三大时,毛泽东就向大会提出开展农民运动,却未引起足够的重视。

1924年底,毛泽东回湖南养病时,带妻子和两个儿子回了一趟韶山。

他一边养病,一边创办了一个夜校,除教农民识字、打算盘外,还讲三民主义,讲国内外大事。

他又亲自发展了韶山第一批党员,建立二十多个秘密农协,成立了中共韶山支部。

1925年7月,他还发动了一次"平粜阻禁"的斗争,迫使地主开仓平粜,救济了因旱灾挨饿的农民。

毛泽东的活动自然引起土豪劣绅的嫉恨,他们密报了湖南最高统治者赵恒惕。

赵恒惕一听吓了一跳,毛泽东在城里发动工人运动闹得天翻地覆,这次又跑到农村去闹了,这还了得!

他立即电令湘潭团防局急速逮捕毛泽东。

幸好县议员、开明绅士郭麓宾在县长办公室看到了这封密电,写了信

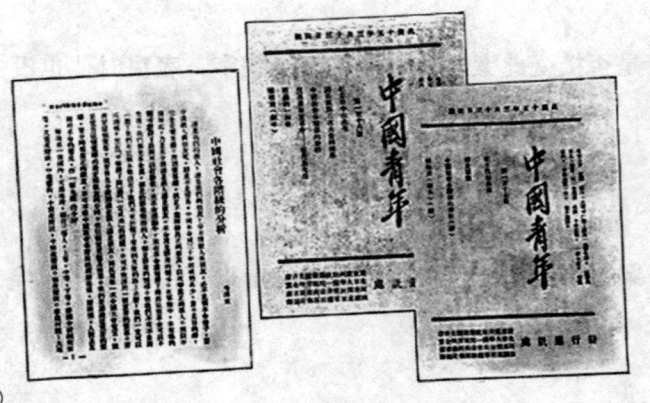

刊发于《中国青年》的《中国社会各阶级的分析》

交人急风快火送到韶山。

毛泽东看完信,并未惊慌,用开水泡了点凉饭吃了,坐上别人叫来的一乘小轿离开了韶山。

回到长沙,毛泽东向中共湘区委员会汇报了韶山农民运动的情况。

他来到湘江边,回想起当年在师范的生活,遂写下了那首词《沁园春·长沙》:

> 独立寒秋,
>
> 湘江北去,
>
> 橘子洲头。
>
> 看万山红遍,
>
> 层林尽染;
>
> 漫江碧透,
>
> 百舸争流。
>
> 鹰击长空,
>
> 鱼翔浅底,
>
> 万类霜天竞自由。
>
> 怅寥廓,
>
> 问苍茫大地,
>
> 谁主沉浮?

携来百侣曾游。

忆往昔峥嵘岁月稠。

恰同学少年，

风华正茂；

书生意气，

挥斥方遒。

指点江山，

激扬文字，

粪土当年万户侯。

曾记否，

到中流击水，

浪遏飞舟？

1926年3月19日，毛泽东被任命为国民党中央农民部主办的农民运动讲习所所长。

农讲所创办于1924年7月，此前已有五届毕业生，共四百五十四人，最初的主办人是彭湃。

毛泽东接办第六届，地址在广州附近的番禺学宫。

1926年5月15日，第六届农讲所正式开课，学生有三百二十七名。

共开设二十五门课程,内容都是围绕中国革命的基本知识,教员多是有实际经验的农民运动领导者。

毛泽东亲自讲授"中国农民问题"、"农村教育"、"地理"三门课。

当时,彭湃领导的以广东海丰为中心的东江农民运动最为成功。

8月间,毛泽东又组织师生到那里实习两周,大大加深了对农民运动的了解。

革命的形势发展很快。7月9日,国民革命军在广州东校场誓师北伐。同一天,北伐军先头部队叶挺独立团先攻占湖南醴陵。

7月11日,占领长沙。

1926年9月1日,在《农民问题丛刊》第一辑出版时,刊载了毛泽东写的一篇序言《国民革命与农民运动》。

这篇文章很快引起各方面的注意。

国民党农民部出版的《农民运动》进行全文转载。

这时,毛泽东已成为全国有影响的农民运动权威。

为配合北伐战争,第六届

1925年在广州时的毛泽东

农讲所在9月结束，学员们分赴各地，投身农民运动。

10月下旬，毛泽东被任命为中共中央农民运动委员会书记。

11月上旬，他让杨开慧和母亲带两个儿子返回湖南，他自己离开广州来到上海。

他为了制定《目前农运计划》，从11月下旬开始赴长江沿线一带视察。

由于农民运动打击了一些地主豪绅，他们与国民党右派有着千丝万缕的联系，甚至连一些北伐军官也坐不住了，纷纷指责农民运动"越轨"了。

陈独秀担心农民运动破坏了国共合作的统一战线，也指责"过火"、"动摇北伐军心"等。

毛泽东不同意陈独秀对农民运动的指责，他提醒中央注意："右派有兵，左派没有兵，就是右派有一排兵也比左派有力量。"

就在毛泽东说这番话的12月党中央特别会议后，毛泽东对陈独秀的右倾政策越发怀疑了。

他以前很敬重陈独秀，可在中国社会阶级和农民运动等重大问题上，他们的分歧越来越大，不能不引起他的深思。

毛泽东开始注意到中国革命的两个基本问题：土地和武装。

他为了说服陈独秀，决心实地考察一下，看看农村的实际情况究竟是怎么一回事。

从1927年1月4日开始，毛泽东考察了湘潭、湘乡、衡山、醴陵、长沙五县，历时三十二天，行程一千四百里。

2月5日，他回到长沙，立刻向中共湖南区委做了几次报告，纠正他们在农运工作中的错误。

回到武汉，毛泽东又写出了著名的《湖南农民运动考察报告》。3月5日先是中共湖南区委机关报《战士》周刊首次登载了该文部分章节。

3月12日，中共中央机关刊物《向导》周刊发表了部分章节。

4月，该文以《湖南农民革命（一）》为书名，由长江书店印发，出版了全文的单行本。

瞿秋白为该文写了序言，把毛泽东和彭湃并称"农民运动之王"。

《湖南农民运动考察报告》问世不久，毛泽东的第三个儿子毛岸龙，于4月4日在武昌出生了。

近在咫尺，毛泽东忙得到孩子出生三天后，才回家看到新生儿。

4月12日，蒋介石在上海发动反革命政变，陈独秀、毛泽东等共产党人和国民党左派一百九十三人，被列在蒋介石政府第一号通缉令上。

毛泽东预感到风云即将突变，忧心如焚。他独步徘徊在武昌蛇山的黄鹤楼前，写出了这首《菩萨蛮·黄鹤楼》：

茫茫九派流中国，
沉沉一线穿南北。
烟雨莽苍苍，
龟蛇锁大江。

黄鹤知何去?

剩有游人处。

把酒酹滔滔,

心潮逐浪高!

1927年毛泽东手书《菩萨蛮·登黄鹤楼》

秋收起义

国共两党的全面破裂已势不可免。为了讨论湖南农民协会和农民自卫武装应当如何对付敌人的搜捕和屠杀，中共中央在1927年7月4日召开政治局扩大会议。

毛泽东在会上提醒以陈独秀为首的党中央，说：

"不保存武力，则将来一到事变，我们即无办法。"

可是陈独秀没听他的话，仍幻想与汪精卫政府合作。

而只过了十一天，汪精卫也公开反共，开始大肆捕杀共产党人和革命群众，迫使共产党人全部转入地下。

形势严峻，党内思想又十分混乱。

就在这时，在共产国际指示下，党中央进行改组，由张国焘、周恩来、李立三、张太雷、李维汉五人组成的临时政治局常委，取代了陈独秀的领导。临时中央在这危难关头决定用武力对抗国民党。

8月1日，以周恩来为书记的中央前敌委员会，发动了南昌起义，打响了武装反抗国民党反动派的第一枪。

但起义军没有直接到农村去武装和发动农民，建立农村根据地，在南下时遭遇敌人重兵攻击，几乎全军覆没。

8月7日，毛泽东出席在汉口秘密举行的中央紧急会议。在会上他批评了陈独秀的右倾错误，提出了"以后要非常注意军事，须知政权是由枪杆子中取得的"这一重要论断。

毛泽东在会上当选为中央政治局候补委员。

会后，主持中央工作的瞿秋白希望毛泽东到上海中央机关工作。

毛泽东说：

"眼下，下面的实际斗争更需要人。中央不是要我急赴湖南组织秋收暴动吗？说实话，我不愿跟你们去住高楼大厦，我要上山结交绿林朋友。"

于是，他被派回湖南，以中央特派员身份领导秋收起义。

8月12日，毛泽东秘密回到长沙。

8月18日，在长沙沈家大屋召开湖南省委会议，讨论秋收起义和土地革命问题。

毛泽东在这次会上提出：

要暴动单靠农民的力量是不行的，必须有军队的帮助，有一两个团的兵力也好。

他再一次强调了"实行在枪杆子上夺取政权，建设政权"。

8月底，湖南省委决定，集中力量，以退到江西修水、铜鼓一带的党控制的原武汉国民政府警卫团、平江浏阳工农义勇军和安源工人武装为骨干，发动以长沙为中心，包括湘潭、醴陵、安源、浏阳、平江、岳阳、宁乡七县（镇）的武装起义。

起义后合力夺取长沙，并打出共产党的旗号。

毛泽东被任命为起义军的前委书记，全权负责这次秋收暴动。

9月初，毛泽东一身农民装扮来到安源，在张家湾召开会议，传达中央八七会议精神和湖南省委的秋收暴动计划。

会议讨论了军队和农民暴动的部署，确定分为三路，进攻长沙。

毛泽东在安源安排妥当后，化装成安源煤矿的采购员，由浏阳县委书记潘心源陪同前往铜鼓。

不料，他们到浏阳张家坊村时，被民团巡查时抓住，成了俘虏。

在被押送去团防局处死的路上，毛泽东打算贿赂押送他的士兵释放他。

士兵见钱眼开，同意释放他，可就在这节骨眼上，士兵的小头目来阻止，非要把毛泽东带到团防局去枪毙。

离团防局越来越近了。

离死神也越来越近了。

只剩下不到两百米了。

毛泽东终于找到逃走的机会,一下子挣脱出来,往田野里猛跑,士兵们在后面一边喊叫,一边追踪他。

毛泽东机智地藏到了一个水塘边的草丛里。

敌人追到跟前进行搜寻,几次都搜寻到他跟前,他甚至一伸手就能摸到敌人的脚。

可是这些愚蠢的敌人还是没发现他,黄昏时,放弃了搜寻,骂骂咧咧地走了。

毛泽东急忙翻山越岭赶夜路,因为鞋子跑丢了,脚板全部擦伤,鲜血直流,每迈一步就是一个血脚印。

《毛泽东去安源》(油画)

等他来到邻县,才用身上的七块钱买了鞋子,还有一把伞和一些食物。

9月9日,湘赣边界的秋收起义爆发了。

9月10日,毛泽东到达铜鼓的第3团团部,在全团排以上干部参加的会上,他传达了中共中央八七会议精神、湖南省委秋收暴动计划,以及安源

张家湾会议确定的军事部署。

9月11日,毛泽东亲自指挥第3团高举镰刀斧头的红旗,在铜鼓举行武装起义,攻占白砂。

与此同时,第1团、第2团也连获胜利,进展迅速。

面对各路起义军的胜利喜讯,毛泽东由喜而吟,写下了《西江月·秋收起义》:

军叫工农革命,

旗号镰刀斧头。

修铜一带不停留,

便向平浏直进。

地主重重压迫,

农民个个同仇。

秋收时节暮云沉,

霹雳一声暴动。

上井冈山

秋收起义虽然发动起来,但却未获得预想的那样成功。

这是因为当时全国革命形势已走向低潮,反动军事力量在各处都大大超过革命力量。

另外,湘赣边界的群众没有充分发动起来,农民担心起义失败遭到反动派的报复,不敢行动。

最主要的,起义军攻打长沙本身就是无法实现的。

9月11日,起义军师部和第1团到达平江东郊金坪时,起义前夕收编的黔军邱国轩团突然叛变,从背后袭击,部队受到巨大损失。

第3团也在14日进攻浏阳东门市时因力量薄弱而失利。

第2团最初进展较顺利,在12日和16日先后攻克醴陵、浏阳县城,但因国民党正规军集中优势兵力反攻,几乎全部溃散。

毛泽东针对这种情势，当机立断，改变原来部署，下令各路起义部队停止进攻，先退到浏阳文家市集合。

这时，整个起义军由五千人锐减到一千五百多人，受到严重挫折。

9月15日晚，中共湖南省委决定停止原来准备在次日发动的长沙暴动。

9月19日晚，毛泽东在文家市里仁学校主持召开有师、团主要负责人参加的前敌委员会会议。讨论工农革命军今后的行动方向问题。

是退却，还是继续进攻？

要退，退到哪里？

继续进攻长沙是党中央原来决定的，不这样做，可能就会被扣上"逃跑"的罪名。

可要继续进攻，只会招致全军覆没。

会上，一师师长余洒度仍坚持"取浏阳直攻长沙"，但毛泽东却不同意，他认为长沙是打不下来的，不如放弃打长沙，把起义军向南转移，到敌人统治力量薄弱的农村山区，寻找落脚点，以保存革命力量，再图发展。

是转移，还是打长沙，会上发生激烈争论。

最后，在总指挥卢德铭等支持下，通过了毛泽东的主张——决定退往湘南。

卢德铭是余洒度原来的上级，余洒度不好再说什么。

起义军开始取直线南下，开进到江西省萍乡县上栗村时，得知萍乡县城驻有国民党重兵，不能通过，便改道在芦溪宿营。

次日，起义军向莲花方向前进，因侦察不力，后卫部队遭到国民党军队袭击，仓促应战，造成人枪各损失三百。

更不幸的是，二十三岁的总指挥卢德铭为了掩护后卫部队撤退而英勇牺牲。

毛泽东十分痛惜，愤怒地对指挥错误的第3团团长苏先俊喊道：

"还我卢德铭！"

9月26日，在与莲花县党组织联络之后，起义军乘虚攻下了莲花县城，救出了被关押的一百多革命群众和共产党员，打开县政府粮仓，把粮食分发给穷苦群众。

这一战使士气低落的部队又振作起来。

但起义军领导层内部发生了矛盾。担任师长的余洒度，原来并不归湖南省委领导，也没把毛泽东领导的前敌委员会放在眼里，加上卢德铭已死，他对前委领导更不尊重了。

形势很严峻：起义军领导不和，伤病员不断增加，一些人偷偷溜走了，少数伤病员因缺医少药死在路旁。

9月29日，起义军来到永新县三湾村宿营。

这里群山环抱，又没有地主武装袭扰，比较安全。

这是起义军秋收暴动以来第一次得到从容休整。

来到三湾村的当晚,毛泽东就召开前委会议,讨论部队现状及其解决的办法,决定对部队实行整顿和改编。

改编之后,把已经不足千人的部队缩编为一个团,团长由陈浩担任。实际上取消了灰心丧气闹情绪的余洒度对部队的指挥权。

经过整编,加强了党对部队的领导,改变了旧式军队的习气和农民的自由散漫作风。

在三湾时,毛泽东还提出一个重要问题:

"我们要和地方结合起来,要取得地方的支持。一方面我们把伤病员交给他们,他们可以把我们的伤病员安置好;另一方面我们可以发枪给他们,帮助他们发展起来,这样我们就不会被敌人打垮。"

这多少已提出了武装斗争要同建立农村革命根据地结合的思想。

毛泽东按照中共江西省委的介绍,派人同宁冈县党组织和驻在井冈山北麓宁冈茅坪的袁文才部取得了联系。

10月3日,部队从三湾出发,前往井冈山。

出发前,毛泽东做动员讲话,说:

"敌人在我们后面放冷枪,没有什么了不起!大家都是娘生的,敌人有两只脚,我们也有两只脚。

"贺龙同志两把菜刀起家,现在当了军长,带了一军人。我们现在不只两把菜刀,我们有两营人,七百多条枪,还怕干不起来吗!"

当天,起义军到达宁冈县古城。

这里偏僻、荒凉、人口稀少。

在这里,毛泽东主持召开了前委扩大会议,前来联络的宁冈县委书记龙超清和袁文才部的文书陈慕平也参加了会议。

会议着重研究了在罗霄山脉中段建立落脚点和开展游击战争的问题,认为在井冈山落脚是理想的场所。

会议决定,对原来占据井冈山的袁文才、王佐这两支地方武装,要从政治上军事上对他们进行团结和改造,并尽快先在茅坪设立后方留守处和部队医院。

袁文才、王佐这两个山大王,各有一百五十多人,六十多支枪。他们早年是绿林组织,但经过大革命的洗礼。

袁文才1926年担任过宁冈县农民自卫军总指挥,同年加入中国共产党。

王佐是袁文才的拜把兄弟,当时也把所部改为遂川县农民自卫军。

他们在1927年7月,曾会同永新、永福、莲花的暴动队伍一度攻克永新县城。组成赣西农民自卫军,由王兴亚任总指挥,贺敏学、王佐、袁文才任副总指挥。

这支队伍占领永新二十多天,因国民党调聚五个团来攻,袁、王两部就退回宁冈、遂川境内的井冈山。

而刚担任永新县委书记的永新县农民自卫军总指挥贺敏学,率领一部分自卫军随同退到井冈山北麓的茅坪。这其中就包括贺敏学的妹妹贺子珍。

起义军要在井冈山落脚，贺敏学方面肯定会举双手欢迎，可袁文才、王佐就难免有疑虑，担心被起义军"吃掉"。

起义军内部也有人主张把这两个山大王消灭掉，可毛泽东不同意。他说这不是几十个人，几十杆枪的问题，是政策问题，对他们只能用文，不能用武，要积极争取改造他们，使他们跟我们一道走上革命道路。

毛泽东选定先从袁文才入手，10月6日，只带几个人去宁冈大仓村会见袁文才。

袁文才事先做了防备，在林家祠堂埋伏下二十多人。见毛泽东才带几个人来，袁文才比较放心了。

出乎袁文才的意外，毛泽东当场宣布送给袁文才一百条枪。因为毛泽东从袁文才的代表陈慕平处得知，袁文才最看重枪。

袁文才也不含糊，回赠起义军六百块银元，同意起义军在茅坪——这个六十多户人家的小村子建立后方医院和留守处，并答应上山做王佐的工作。

后来，起义军又送了王佐七十支枪，得到王佐回赠的五百担稻谷和一些银元。

就这样，起义军在井冈山算落了脚。

朱毛会师

1927年10月中旬起，国内的政治局势发生重要变化。国民党的李宗仁和唐生智两集团之间的战争爆发了。

唐生智控制的两湖军队全部投入战争。井冈山周围各县，国民党兵力空虚，只有一些地主武装。

这是井冈山工农革命军向外发展的大好机会。毛泽东决定攻占茶陵县城。

11月上旬，工农革命军由团长陈浩和第一营党代表宛希先率领第1营和特务连，攻占了茶陵县城。

毛泽东因为脚背被草鞋磨破而溃烂，未随军前往。

当他得知，军队进驻茶陵并没做群众工作，立即指示宛希先成立工农兵政府。

根据毛泽东的指示，茶陵成立了工农兵政府，工人谭震林被选为主席。

这是湘赣边界的第一个工农兵政权。

12月下旬，李、唐战争告一段落。湘军第8军的独立团和当地地主武装向茶陵反扑。

团长陈浩害怕了，认为工农革命军没有前途，想把部队带到湘南，投靠国民党第13军。

毛泽东突闻惊变，不顾脚伤未愈，急忙赶到茶陵湖口，追上从茶陵退出的部队，当晚召开团营干部紧急会议，果断扣押了陈浩一伙，将部队全部带回了宁冈砻市。

在砻市河滩上，又召开全团指战员会议，毛泽东宣布前委决定：处决陈浩等人；任命张子清为第1团团长，何挺颖为党代表、朱云卿为参谋长。

毛泽东还明确提出革命军队应当担负起三大任务：打仗消灭敌人；打土豪筹款子；做群众工作。

可以说，这是毛泽东对人民军队学说的巨大贡献。使初创的人民军队一开始就在这样明确的指导思想下进行建设，影响是十分深远的。

1928年1月4日，毛泽东亲率第1团攻占遂川县城。

在这里分头发动群众，建立了中共遂川县委和县工农兵政府。

在遂川，毛泽东提出了"八项注意"：

一、上门板；二、捆铺草；三、说话和气；四、买卖公平；五、借东西要还；六、损坏东西要赔。一年后又加了两项：七、洗澡避女人；八、不搜俘虏腰包。变成了"八项注意"。

此前，毛泽东又提出了"三大纪律"：

第一，行动听指挥；第二，打土豪款子要归公；第三，不拿老百姓一个红薯。

通过"三大纪律，八项注意"的实行，极大改善了工农革命军同群众的关系。

工农革命军先后攻占茶陵、遂川暴露了实力，使国民党江西当局大为震惊，随即发动了对井冈山革命根据地的第一次"进剿"。

根据毛泽东在遂川总结出的"敌来我走，敌驻我扰，敌退我追"的游击战作战原则（后又加上"敌疲我打"），1928年2月18日，工农革命军攻占宁冈县城，全歼守军一个营和宁冈县靖卫团，俘虏近三百人，打破了国民党军队第一次"进剿"。

毛泽东提出了优待俘虏的政策。他向广大指战员说明，国民党军队中许多士兵是被作为壮丁抓来的穷人，不应该打骂他们，而要进行说服，教育他们反戈一击。

而且明确宣布：工农革命军不杀、不打、不骂俘虏、不搜俘虏腰包，对伤病俘虏给以治疗，经过教育、治疗后留去自由，留者开欢迎会做革命军战士；去者开欢送会并发路费。

优待俘虏的事实，戳穿了国民党散布的"共匪见人就杀"的宣传。

赣军的《九师旬刊》上，对这种做法发出了"毒矣哉！"的惊叹。

到1928年2月，袁文才、王佐两部，在毛泽东耐心的说服下，终于接受改编，成为工农革命军第二团。袁任团长，王任副团长，何长工任团党代表。

1928年3月，毛泽东又遭到一次打击。

3月初，中共湘南特委的代表周鲁来到井冈山，贯彻中央"左"倾盲动政策。

周鲁一到，就批判毛泽东"右倾逃跑"，并把中央开除毛泽东中央临时政治局候补委员的决定，误传为"开除党籍"；还取消了以毛为书记的前敌委员会，改组为不管地方只管军事的师委，以何挺颖为书记。

这样，使毛泽东一度成为"党外人士"，只能担任工农革命军第一师师长。

毛泽东并未因此动摇革命意志。

好在时间不长，一个多月后，看到了中央文件，澄清了将毛"开除党籍"的误传。同时，还得知朱德、陈毅率领南昌起义军余部正向井冈山撤退的好消息。

毛泽东立即部署部队，接应朱德部上井冈山。

4月24日前后，朱、毛胜利会师。

随后两部合编为中国工农革命军第4军，朱德任军长，毛泽东为党代表，参谋长王尔琢。

全军共辖六个团，有六千多人。

朱毛会师不久，赣军第27师的两个团从永新、遂川向井冈山根据地发动第二次"进剿"。

毛泽东主持召开红四军军委会议，决定采取"集中兵力，歼敌一路"的作战方针。

4月底，朱德、王尔琢按计划率红四军主力先在遂川五斗江击溃赣军一个团，乘胜追击，在永新城附近又击溃赣军另一个团的一个营，一举攻占永新县城，胜利地粉碎了国民党军队第二次"进剿"，还缴获三百多支枪。

5月中旬，赣军由27师师长杨如轩亲自指挥，以五个团的兵力发起第

《井冈山会师》（油画）

三次"进剿"。

朱德、王尔琢率红四军主力，采取调虎离山之计，在草市坳全歼敌79团，乘胜奇袭，第二次收复永新县城，敌师长杨如轩带伤逃走，回了吉安。

工农革命军缴获大量武装和军用物资，只光洋就有二十多担。再次打破赣军的"进剿"。

赣军被打恼了。

6月下旬赣军与湘军联合又发起了第四次"进剿"，一下子投入了八个团的兵力。

毛泽东和朱德商议后，决定以小部兵力钳制湘军，集中主力打击赣军。

在朱德、陈毅、王尔琢分别率领下，6月23日红四军在新、老七溪岭和龙源口歼灭赣军一个团、击溃两个团，缴枪千余支，第三次占领永新城,又击破了敌人第四次"进剿"。

5月至7月,当湘赣边界割据进入全盛时,在边界各县掀起了轰轰烈烈的分田高潮。

毛泽东领导的井冈山地区的土地革命,带来了一场前所未有的农村社会大变动。

可是红四军8月却遭遇到了失败,那是中共湖南省委错误指导造成的结果。

根据中共湖南省委的指示,红四军两个团由朱德、陈毅率领挺进湘南。其中28团是南昌起义的部队,29团是原湘南起义组织起来的农军。

这两个团一回到湘南,就等于弱羊落进狼群里,在敌人重兵进攻下,29团几乎打散了,幸好毛泽东亲率31团兼程南下,才把朱德率领的28团救援、接应回井冈山。

返回井冈山途中,毛泽东得知有的红军战士因为饥饿,吃了农民地里的苞米,就通知部队集合,就地进行群众纪律教育。

他亲自在一块竹牌上写道:

"因为我军肚子饿了,为了充饥,把你的苞米吃光了,违犯了纪律,现在把两元钱(光洋)埋在土里,请收下。"

回到井冈山,毛泽东得知留守的红军一个营凭黄洋界天险击退了敌人四个团的猛烈进攻,兴奋地挥毫写下了《西江月·井冈山》:

　　　　山下旌旗在望,
　　　　山头鼓角相闻。

敌军围困万千重,
我自岿然不动。

早已森严壁垒,
更加众志成城。
黄洋界上炮声隆,
报道敌军宵遁。

1936年毛泽东在陕北保安

　　1930年8月,红军一方面军成立,毛泽东任总政治委员。1931年,中华苏维埃共和国临时中央政府在江西瑞金成立,当选为主席。1934年1月,毛泽东在中共六届五中全会上补选为中共中央政治局委员。1935年1月,毛泽东在遵义会议上被确立在中央的领导地位,被增选为中央政治局常委。1936年任中共中央军委主席。1943年3月被选为中共中央政治局主席。1945年主持召开中共第七次全国代表大会,做《论联合政府》的报告。他从中共七届一中全会起至中共十大,一直担任中共中央政治局委员、中共中央政治局常委、中共中央主席。1949年10月1日,中华人民共和国建立,他当选为中央人民政府主席。在1954年第一届全国人民代表大会上当选为中华人民共和国第一任主席。1976年9月9日,在北京逝世。